Ariela Bunari

Das Katzenorakel

Nutzen Sie die mystische Kraft Ihrer Katze

Ullstein

Ullstein Taschenbuchverlag
Der Ullstein Taschenbuchverlag ist ein Unternehmen der
Econ Ullstein List Verlag GmbH & Co. KG, München
Originalausgabe
1. Auflage 2001
© 2001 by Econ Ullstein List Verlag GmbH & Co. KG, München
Autorin und Verlag weisen ausdrücklich darauf hin, dass es sich bei diesem Buch nicht
um einen Ratgeber im herkömmlichen Sinne handelt. Eine Haftung der Autorin bzw.
des Verlages und seiner Beauftragten für Personen-, Sach- und Vermögensschäden
ist ausgeschlossen.
Umschlagkonzept: Lohmüller Werbeagentur GmbH & Co. KG, Berlin
Umschlaggestaltung: Bezaubernde Gini, München
Titelabbildung: Stock Market
Gesetzt aus der Esperanto
Satz: KompetenzCenter, Düsseldorf
Druck und Bindearbeiten: Clausen & Bosse, Leck
Printed in Germany
ISBN 3-548-36313-X

Inhaltsverzeichnis

Die Themen und Bedeutungen im Einzelnen

WEITERE TIPPS UND TRICKS FÜR HILFREICHE KATZENORAKEL

Vorwort

Herzlich willkommen zum Katzenorakel! Möchte nicht jeder von uns einen Blick in die Zukunft erhaschen? Herausfinden, ob es morgen besser (oder wenigstens immer noch gut) geht? Hilfe bei wichtigen Entscheidungen einholen?

Das Wort »Orakel« stammt vom lateinischen »oraculum«, was so viel bedeutet wie »Weissagung«. Und schon seit Anbeginn aller Zeiten befragen die Menschen Orakel, um ihre natürliche Neugier und das Bedürfnis nach Rat zu befriedigen. Bereits die Urmenschen im Neandertal schrieben den wechselnden Wolkenformationen eine gewisse Aussagekraft über die Zukunft zu. Sie warfen Steine in selbst gezeichnete Orakelfelder, verfolgten den Zug der Wildgänse und deuteten die Sterne. Naturereignisse galten als Indikatoren für die »Laune der Götter«. Ein Orakelsystem, das sich seit Jahrtausenden bewährt und wunderbar auch für unsere moderne Zeit geeignet ist, ist das Katzenorakel. Ich wünsche Ihnen viel Spaß beim Kennenlernen und dann viel Erfolg!

DAS ORAKELN
UND DIE
GEHEIMNISVOLLE
KATZE

Geschichte

Über die Jahrtausende wurde das Orakeln immer weiter verfeinert. Mittlerweile gibt es Hunderte von Orakeln: Wurforakel, Holzorakel, Kartenorakel (zum Beispiel Tarot), Baumorakel, Bleigießen, Traumorakel, Numerologie, I-Ging, Kaffee- und Teeblätterorakel, Büroorakel, Geomantie (Befragung der Erdgeister) und, und, und. Nichts dran? Von wegen!

Nicht umsonst lesen Millionen von Menschen tagtäglich ihr Horoskop, befragen Seher und Weissager. Der Einfluss der Sterne, Planeten und des Mondes auf unser Leben wurde sogar wissenschaftlich nachgewiesen.

Aber viel wichtiger als Messergebnisse ist doch die Frage: Funktioniert es? Hilft mir das Orakel, das Horoskop, die Weissagung, der gute Rat, mein Leben besser zu gestalten?!

Und hier fällt die Antwort noch viel eindeutiger aus: Weit über 90 Prozent aller Befragten gaben in einer großen Studie an, dass die Befragung eines Orakels sie (besonders direkt vor wichtigen Entscheidungen oder Ereignissen) beruhige und ihnen geholfen habe. Und das ist es doch, was zählt!

Im antiken Griechenland lasen die Menschen die Zukunft aus den Eingeweiden von Vögeln. Ägyptische Priester deuteten Träume. In China galten lange Zeit die Muster auf Schildkrötenpanzern als Fingerzeig der Zukunft. Das wohl berühmteste Orakel der Welt ist das »Orakel von Delphi«, wo weise Frauen den Stimmen der Götter lauschten.

Römische Auguren leiteten ihre Weissagungen aus dem Flug der Vögel ab; Germanen lasen in tierischen (und manchmal auch menschlichen) Kadavern, aber auch im Wiehern der Pferde.

Einig sind sich alle Seher und Weissager – und auch alle spirituellen Führer der Gegenwart – in einem: Es gibt keinen Zufall! Was uns willkürlich oder gar sinnlos erscheint, folgt in Wahrheit doch einem kosmischen Plan, einer allumfassenden Gesetzmäßigkeit.

Zufall – oder Schicksal?

Sicher haben auch Sie sich – wie ich – schon oft gefragt, warum etwas Bestimmtes geschieht. Gerade jetzt. Gerade hier. Gerade mir.

Aber erst im Nachhinein erkennen wir (manchmal) den Sinn eines Vorfalles oder Ereignisses. Und wie oft erweist sich dann etwas, das wir zuerst für schrecklich, schlecht, ungerecht oder unbegreiflich hielten, als segensreich oder gar lebensrettend? »Gerade heute ist für dich gesorgt«, lautet einer der Kernsätze des fernöstlichen Reiki. Und das ist wahr. Gerade westlich geprägt Menschen neigen dazu, sich abzustrampeln, um bestimmte Pflichten zu erfüllen und Leistungen zu erbringen. Doch worum geht es letztendlich im Leben? Um das größte Auto, das schönste Haus, die teuersten Klamotten? Oder um Freude, Freiheit, Zufriedenheit?

Wir alle sind eingebunden in soziale Systeme, und das ist gut so. Doch dürfen wir nicht vergessen herauszufinden, was für uns persönlich wirklich zählt. Was wir wirklich wollen. Was wichtig und richtig ist im Leben.

Orakel sind dabei jedoch nur eine Hilfe, nie eine Lösung. Sie können helfen, ungeahnte Kräfte zu mobilisieren, neue Wege zu erkennen und zu gehen. Orakel greifen zurück auf unser Un- und Unterbewusstes, lassen uns erkennen, was wir eigentlich längst schon wussten.

Dieses Gefühl hat sicher auch jeder schon einmal gehabt: Hinterher zu denken »Ich habe es ja gleich gewusst«. Oder bei einem oberflächlich betrachtet guten Angebot trotzdem zurückzuschrecken – weil man »ein schlechtes Gefühl« hat.

Was wirklich wichtig ist

Vielleicht kennen Sie bereits die Geschichte des Philosophieprofessors, der seinen Studenten verdeutlichen wollte, was im Leben wichtig ist. Zu Beginn der Unterrichtsstunde füllte er ein Einweckglas bis zum Rand mit Steinen und hielt es hoch.

»Ist dieses Glas voll?«, fragte er, und die Studenten nickten.

Daraufhin holte der Professor einen Beutel mit Erbsen aus seiner Tasche und füllte die Erbsen in das Glas. Sie rollten in die Zwischenräume zwischen den Steinen. Die Studenten schauten interessiert zu.

Wiederum hielt der Professor das Einweckglas hoch und fragte: »Ist dieses Glas jetzt voll?« Und wieder nickten seine Studenten.

Der Professor stellte das Glas auf seinen Tisch, zog einen Beutel mit Sand hervor und füllte Sand in das Glas. Der Sand rieselte noch in die kleinsten Zwischenräume.

Der Professor hielt das Glas hoch und sagte: »*Jetzt* ist das Glas wirklich voll!« Danach erklärte er: »Dieses Glas symbolisiert euer Leben. Die Steine sind die wirklich wichtigen Dinge: Familie, Partner, Kinder, Gesundheit. Wenn alles andere verschwände, wäre euer Leben durch sie immer noch erfüllt. Die Erbsen sind nicht unwichtig: Sie symbolisieren euren Beruf, euer Zuhause, euer Auto. Der Sand schließlich ist alles andere, der Kleinkram.«

Er schaute sich um. Es war ganz still geworden im Vorlesungssaal. Gebannt hingen die Studenten an seinen Lippen.

»Wenn ihr aber zuerst den Sand in das Glas füllt«, fuhr der Professor fort, »habt ihr keinen Platz mehr für die Erbsen und die Steine. Genauso verhält es sich mit eurem Leben. Wenn ihr all eure Zeit mit Kleinkram vergeudet, kommt ihr nie zu den wesentlichen Dingen. Konzentriert Euch auf das Wesentliche. Spielt mit euren Kindern, geht mit eurem Partner oder eurer Partnerin tanzen. Geht regelmäßig zu Vorsorgeuntersuchungen zum Arzt. Um aufzuräumen, arbeiten zu gehen und den Wagen zu waschen, bleibt trotz allem immer noch genug Zeit!«

Die Studenten nickten nachdenklich. Die meisten von ihnen werden die eindringliche Präsentation ihres Professors nie vergessen.

Auch wenn wir diesen Grundsatz kennen, fällt es uns immer wieder schwer, das Wesentliche vom Unwesentlichen zu trennen, das Wichtige vom Unwichtigen, und manchmal sogar das Richtige vom Falschen. In solchen Situationen kann ein Katzenorakel eine unschätzbare Entscheidungshilfe sein.

Orakel führen zum richtigen Weg

Wenn Sie voranschreiten wollen zu einem glücklicheren, erfüllteren, reicheren Leben – dann kann das Befragen von Orakeln eine vielseitige Hilfestellung sein.

Eines der ältesten Orakel der Menschheit ist das »Katzenorakel«. Bereits vor 8 000 Jahren lebten nachweislich zahme Katzen im Gebiet der heutigen Türkei. Und anatolische Felsmalereien, auf denen die Künstler auch Katzen verewigten, sind mindestens 7 000 Jahre alt. Schon vor Tausenden von Jahren erkannten die Schamanen die mystischen Kräfte der Katzen, stellten sie unter ihren persönlichen Schutz und nutzten ihre ungeheuren Fähigkeiten, um äußerst präzise Vorhersagen zu treffen. Wer im alten Ägypten eine Katze tötete, wurde selbst mit dem Tode bestraft. Ähnlich scharf wurde ein derartiges Vergehen im 10. Jahrhundert in England geahndet: Wer eine Katze tötete, musste einige Sack Getreide, ein ungeschorenes Schaf, ein Fohlen oder ein Kalb hergeben.

Katzen gelten in vielen Kulturen auch heute noch als Glücksbringer, und für viele Menschen sind sie dies ohnehin jeden Tag.

Zudem sollten Sie bedenken: Ein Katzenjahr entspricht etwa 6 bis 20 Menschenjahren, also verfügt auch eine in Menschenjahren noch recht junge Katze über eine umfangreiche Erfahrung und Weisheit:

Katze	Mensch
1 Monat	6 Monate
6 Monate	10 Jahre
1 Jahr	18 Jahre
3 Jahre	30 Jahre
5 Jahre	40 Jahre
10 Jahre	60 Jahre
15 Jahre	85 Jahre

Gelingt es Ihnen gar, sich einer zehn oder 15 Jahre alten Katze zu bedienen, ist es, als befragten Sie einen Weisen von 60 oder sogar 85 Jahren!

Die ersten Katzenorakel

Es ist lange her, dass die ersten Katzenorakel abgehalten wurden. Experten vermuten, dass das Verhalten von Katzen (wie auch anderen Tieren) bereits seit Zigtausenden von Jahren zur Zukunftsdeutung herangezogen wurde. Die ersten »Hauskatzen« gab es bereits in den Höhlen der Urmenschen, auch wenn die Katzen damals ihre Nahrung noch selbst fangen mussten. Sie kamen jedoch regelmäßig auf Besuch und spielten mit den Kindern. Auch suchten sie bei Unwettern oder Verletzungen Schutz und Hilfe bei den ersten Menschen. Es ist zu vermuten, dass schon damals die Häuptlinge und Schamanen die Weisheit der Katzen zu ihrem Vorteil zu nutzen wussten. Überliefert ist, dass es sowohl im antiken China als auch in Ägypten zur Zeit der Pharaonen absolut üblich war, vor wichtigen Entscheidungen ein Katzenorakel durchzuführen. Dies galt insbesondere für Entscheidungen der Herrscher – es wurde kein Pakt geschlossen und kein Krieg erklärt, ohne zuvor die Palastkatzen zu befragen.

Im Frankreich des 14. Jahrhunderts wurde es dann unter jungen Frauen am Hofe Mode, selbst Katzenorakel durchzuführen, um mehr über die Zukunft – und natürlich vor allem den zukünftigen Gemahl – herauszufinden. Bereits im Laufe des 16. Jahrhunderts geriet dieses Orakel dann in Vergessenheit. Erst vor wenigen Jahren entdeckten Wissenschaftler ausführliche Aufzeichnungen und Anleitungen, die es ihnen ermöglichten, diesen unschätzbaren Quell des Wissens wieder zu erschließen.

So hilft Ihnen dieses Buch

In diesem Buch werde ich Ihnen helfen, die Orakelkräfte Ihrer Katze zu mobilisieren und das Verhalten Ihrer Katze möglichst genau zu deuten. In fünf verschiedene Bereiche unterteilt, gebe ich Ihnen jeweils Tipps zur richtigen Fragestellung. Dann folgt eine Aufzählung der Reaktionen der Katze und die alte, überlieferte Deutung. Die besteht aus zwei Worten – das ist das Thema, um das es bei Ihrem Problem geht. Lassen Sie sich diese Worte auf der Zunge zergehen, versuchen Sie sie in Bezug zu Ihrer Frage zu setzen. So finden Sie die Lösung. Ich gebe Ihnen im Buch nach den zwei Worten natürlich Interpretationsanregungen, die vielleicht nicht genau auf Sie passen, aber oft verblüffend schnell Anstöße geben, den richtigen Ansatz zu finden.

Da Katzen – wie Katzenfreunde und Wissenschaftler wissen – hoch intelligent und äußerst aufmerksam sind, lassen sich mit Hilfe des Katzenorakels ungewöhnlich gründliche Deutungen vornehmen. Viele andere Orakel ergeben nur Aussagen wie »Ja«, »Nein« oder beispielsweise »Sehnsucht«. In der ungeheuren Gründlichkeit liegt jedoch auch die größte Schwierigkeit des Katzenorakels begründet: Die Deutung ist aufwändig und komplex. Und wie bei jeder Unterhaltung unter guten Freunden sind auch Missverständnisse und Meinungsverschiedenheiten nicht auszuschließen.

Je besser Sie die Katze kennen, die Sie befragen, desto einfacher wird es. Handelt es sich um Ihre eigene Katze, so verfügt diese einerseits über eine gute und gründliche

Kenntnis Ihrer Persönlichkeit und Eigenarten, andererseits wird es Ihnen leichter fallen, der Katze Ihre Frage möglichst eindeutig und klar zu stellen und ihre Reaktion korrekt zu deuten.

Sie können jedoch auch fremde Katzen befragen – sei es, weil Sie gar keine eigene Katze haben, weil Sie beispielsweise im Urlaub sind und mit der Katze Ihrer Gastgeber vorlieb nehmen müssen oder auch weil Sie die Meinung einer außenstehenden Katze bevorzugen. Vergessen Sie nicht: Eine Katze zu befragen ist wie mit einem Menschen zu sprechen – manche Themen können (oder wollen) wir mit bestimmten Gesprächspartnern nicht erörtern.

Und so einfach wird es gemacht

Begeben Sie sich mit Ihrer Katze in einen ruhigen Raum, stellen Sie sich aufeinander ein. Warten Sie, bis sie beide ein Gefühl füreinander haben. Stellen Sie eine Frage oder sprechen Sie ein Problem an, das Sie beschäftigt. Dann beobachten Sie das Verhalten der Katze.

Formulieren Sie Ihre Frage präzise und positiv. Versteifen Sie sich (auch unterbewusst) nicht auf eine gewünschte oder erwartete Antwort. Dies würde die Deutung erschweren oder stören. Bereits die Fragestellung sollte Sie und Ihre Katze motivieren und Ihrer beider Kräfte mobilisieren. Fragen Sie nicht: »Warum liebt mich niemand?« oder:

»Wann finde ich endlich einen Mann?« Formulieren Sie stattdessen beispielsweise: »Ich fühle mich derzeit etwas einsam, was kann ich tun, um diese Phase möglichst rasch hinter mich zu bringen?«

Je entspannter Sie während des Orakels bleiben, desto treffender wird die Antwort ausfallen. Viele Hinweise, auch zur richtigen Fragestellung, finden Sie im weiteren Verlauf des Buches.

Hüten Sie sich stets davor, sich negativ über Ihre Katze zu äußern – genauso wie Ihr Schmusekater versteht, wenn Sie ihn loben und lieb haben, spürt und versteht er, wenn Sie mit ihm meckern. Achten Sie darauf, diese wertvolle Freundschaft nicht zu zerstören!

Was steckt dahinter?

Jede Katze kann genau erspüren, wie »ihr« Mensch sich fühlt, was er ausstrahlt, welche Laune er hat und auch welche Vorahnungen in ihm schlummern. Ihre Katze spürt, wie Sie in den Tag gehen – und damit auch, wie der Tag werden könnte. Dem Menschen ist das selbst nicht bewusst, aber die Katze ist ein so freies und ungebrochenes Wesen, dass sie diese feinen Schwingungen wahrnimmt. Auch die »enge Gemeinschaft mit dem Menschen hat die Katze in ihrem Wesen und Verhalten kaum verändert. Sie ist noch immer eine selbständige, eigenwillige Persönlichkeit, geprägt von Jahrtausenden, in denen das Tier meist

völlig auf sich allein gestellt war«, schreibt Helen Ann Augst in »Was will meine Katze mir sagen?«

Katzen buhlen auch nicht um die Freundschaft des Menschen, versuchen nicht, sich beliebt zu machen – sie sind und bleiben unabhängig, lassen sich keine Tricks und Kunststücke beibringen. Wozu auch? Der Hund ist von seinem Herrchen oder Frauchen absolut abhängig, die Katze könnte sich mühelos allein durchschlagen. Sie bleibt freiwillig – aus treuer Freundschaft.

Fachleute betonen seit einigen Jahren, was weise Männer zu allen Zeiten nutzten und Katzenbesitzer nie bezweifelten: Kommunikation mit Katzen ist möglich! Sabine Jansen-Nöllenburg nennt in ihrem Buch »Wie Katzen mit uns reden« folgende Vorteile des Gesprächs mit einer Katze:

- Sie widerspricht nicht offen, sodass die Unterhaltung generell entspannend ist.

- Solange der Mensch freundlich spricht, fühlt die Katze sich wohl.

- Die Katze ist ein absoluter Geheimnisträger.

- Sie ist ein »optimaler Gesprächspartner, auch wenn sie dauerhaft nicht die Unterhaltung mit anderen Menschen ersetzen kann«.

Lebensbereiche und richtiges Fragen

Beim Katzenorakel ist von alters her jedem wichtigen Lebensbereich ein Körper- beziehungsweise Äußerungsbereich der Katze zugeordnet. Natürlich muss immer die ganze Katze beobachtet werden, aber es gibt Schwerpunkte, die die Interpretation des Katzenorakels erleichtern. Die fünf Lebensbereiche, und in welcher Sprache sich die Katze dazu äußert, sind:

Familie

Entscheidende Bedeutung kommt hier dem sozialen Verhalten der Katze zu – von aggressiv bis kuschelsüchtig. Auch der Umgang mit der Einrichtung während des Orakels zählt hierzu.

Liebe

Der Schwanz ist das Barometer in Liebesdingen. Ergänzend hinzuziehen lässt sich das Verhalten (von kuschelig bis aggressiv) Ihnen gegenüber.

Geld

Was finanzielle Dinge angeht, kommt es vor allem auf die Ohren und die Mimik der Katze an.

Karriere

Die Füße und allgemein die Aktivität der Katze sind die Indikatoren in Karrierefragen – von faul bis hyperaktiv lässt das beim Orakel gezeigte Verhalten der Katze Rückschlüsse zu.

Gesundheit

Am wichtigsten sind in diesem Bereich die Laute und Geräusche (von Schnurren oder stumm bleiben bis Maunzen, Fauchen, Knurren). Hinzu kommen »geräuschlose«, aber gezielte Äußerungen, speziell das Räkelverhalten.

Sollten Sie sich durch diese Aufteilung an die traditionelle »Fünf-Elemente-Lehre« der alten Chinesen erinnert fühlen, so liegen Sie genau richtig: Schon im antiken Asien wurden vor vielen tausend Jahren Katzenorakel durchgeführt. Sie entschieden über zahllose Kriegszüge und Gesetzesvorhaben, aber auch über die privaten Schicksale der Herrscherfamilien.

Je genauer Sie Ihre Frage einem der traditionellen Bereiche zuordnen können, desto leichter wird es Ihnen gelingen, das Verhalten Ihrer Katze zu deuten.

Themenübergreifende Fragen

Es ist sinnvoll, themenübergreifende Fragen aufzuteilen, um eine Zuordnung in die fünf Bereiche zu ermöglichen. Zur Erleichterung sollten Sie Ihre Frage schriftlich formulieren. Selbstverständlich können Sie Vorformulierungen auf einem anderen Blatt vornehmen; so gelingt es leichter, eine komplexe Frage in ihre einzelnen Unterfragen zu zerlegen.

Möchten Sie beispielsweise herausfinden, ob es wirklich so eine gute Idee ist, dem arbeitslosen Musiker, mit dem

Sie das Bett teilen, den Großteil Ihrer Ersparnisse zu leihen, so betrifft dies sowohl den Bereich »Liebe« als auch
das Thema »Geld«. Sie müssten also in einem Durchgang
auf Ohren und Mimik des Tieres, aber auch auf Schwanz
und Sozialverhalten achten. Das ist sehr schwierig, und
mit größter Wahrscheinlichkeit werden Ihnen interessante und relevante Details entgehen.

Daher rate ich Ihnen dringend, die Frage aufzuteilen. Er-
kundigen Sie sich beispielsweise zuerst, ob Sie Ihre Ersparnisse verleihen sollten. Anschließend fragen Sie, wie
vertrauenswürdig Ihr Freund, der arbeitslose Musiker, ist.
Danach fügen Sie die beiden Antworten zu einem Ganzen
zusammen. Treffen Sie dann Ihre Entscheidung – und grübeln Sie nicht länger. Machen Sie es wie die Katzen, leben
Sie unmittelbar und in der Gegenwart.

Das Katzenorakel liefert Ihnen wie die meisten Orakel
nur eine Momentaufnahme. Und: Katzen wissen nichts,
was Sie nicht selbst (wenngleich oft nur unter- oder gar
unbewusst) schon wissen. Katzen sind keine Weissager,
sondern reagieren nur extrem sensibel und ausdrucksvoll
auf die subtilen Schwingungen, die Sie aussenden. Zudem
leben Katzen stets im Jetzt und Hier, sie beachten immer
nur, wie Sie sich jetzt gerade fühlen, und sie spiegeln Ihnen
diese emotionale Wahrheit. Damit erfassen Sie aber den
Keim für alles in der Zukunft Liegende.

Die Interpretation

Bei der Interpretation des Katzenorakels ist Vorsicht angebracht, denn natürlich neigt jeder von uns dazu, einfach
das gewünschte Ergebnis aus dem Verhalten der Katze
»herauszulesen«. Aber genauso wie Sie beim Bleigießen
nicht einfach rufen können: »Das ist ein Glückspfennig, ich
werde reich«, nur weil ihr Bleiklecks irgendwie flach ist,
sollten Sie auch nicht der Versuchung erliegen, jedes nur
erdenkliche Verhalten der Katze immer in die gewünschte
Richtung zu interpretieren. Nehmen Sie sich Zeit. Lassen
Sie Ihre Gedanken schweifen. Verschaffen Sie Ihrem Unterbewusstsein den nötigen Raum. Weisen Sie Gedanken
und Assoziationen nicht von sich, nur weil Sie Ihnen un-
angebracht oder gar unangenehm erscheinen. Oft sind die
besten Lösungen die, die auf den ersten Blick am un-
attraktivsten erscheinen.

Und nun nichts wie los. Holen Sie Ihre Katze, erklären
Sie Ihr das Problem, das Sie beschäftigt, und warten Sie ge-
duldig auf die Weisheiten des Katzenorakels. Lassen Sie
sich auch von scheinbar wohlmeinenden Freunden, die
Zweifel äußern, nicht aus der Ruhe bringen. Es ist Ihr Leben, und Sie haben ein Recht darauf, Ihre Entscheidungen
so zu treffen, wie es für Sie am besten ist. Und wenn Sie
auch schon immer das Gefühl hatten, Ihre Katze würde
Ihnen nur zu gerne dann und wann etwas sagen, dann
wissen Sie ja schon, wer Ihnen den vielleicht besten, auf
jeden Fall aber den uneigennützigsten und direktesten Rat
gibt: Ihr vierbeiniger Freund!

Vielleicht sprechen Sie in einer ersten Orakelsitzung mit der Katze über Ihre Idee, sie zu befragen. Dann kann sich das Tier darauf einstellen. Und natürlich sollten Sie sich nach jeder Befragung ehrlich und liebevoll bei Ihrer Katze bedanken.

Übrigens: Auch wenn dieses Buch »Das Katzenorakel« heißt und ich meistens von Katzen in der weiblichen Form spreche, so ist natürlich ein Kater zur Durchführung dieses Orakels ganz genauso geeignet. Beachten Sie dabei jedoch, dass es bei Katzen natürlich auch (wie bei Menschen) nicht nur die unterschiedlichsten Persönlichkeiten gibt, sondern auch geschlechtsspezifische Unterschiede. Manche Fragen langweilen Kater, andere sind für Katzen kaum nachvollziehbar. Dennoch werden Katze oder Kater ihre feinen Antennen ausfahren und sensibelst auf Ihre Äußerungen und Schwingungen reagieren. Insofern sind diese Unterschiede in der Praxis normalerweise vernachlässigbar.

Beachten Sie bitte auch, dass Sie ein Katzenorakel (im Gegensatz zu vielen anderen Orakeln) nicht beliebig oft wiederholen können. Tarotkarten werden nicht müde, Kaffeesatz wird nicht durstig, die Sterne werden nicht unkonzentriert. Katzen schon. Bitte beschränken Sie sich daher auf eine Orakelsitzung von maximal 30 bis 60 Minuten pro Tag. Ihre Katze wird es Ihnen danken.

Wie Sie das Orakel zu deuten haben, erfahren Sie in den folgenden Abschnitten des Buches. Grundsätzlich bitte ich Sie zu bedenken, dass ein Katzenorakel natürlich keine bindende oder wissenschaftliche Aussagekraft hat, sondern nur eine Entscheidungshilfe bieten kann. Zudem ist das Orakel natürlich abhängig von der Katze, mit der Sie arbeiten – manche Katzen denken offensiver, aggressiver, wohingegen andere eher sicherheitsorientiert und vorsichtig sind. Und wie bei Menschen auch, so fällt natürlich der Rat verschiedener Katzencharaktere unterschiedlich aus.

Ein Katzenorakel ist – wie der Rat eines Freundes – kein Befehl, sondern nur ein Tipp, wie es weitergehen könnte.

Und nun viel Spaß – und viel Glück – mit dem Katzenorakel!

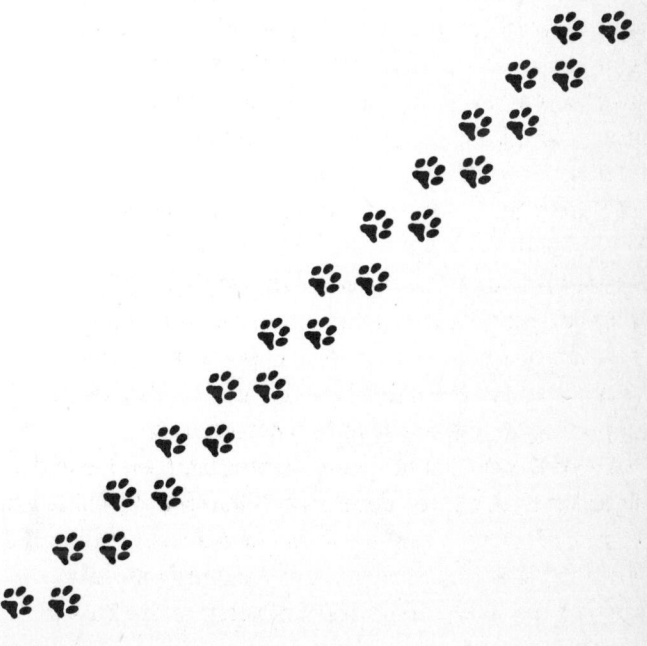

Die Themen und Bedeutungen im Einzelnen

Familie

Hunde sind Rudeltiere, Katzen nicht. Ihre Katze betrachtet Sie als »Katzenmutter« oder »Riesenkatze«, aber auch als ein fremdes – wenn auch freundlich gesinntes – Wesen. Wenn Katzen Ihnen ihre erbeuteten Kleintiere bringen, dann deshalb, weil sie von Ihnen gelobt werden wollen – weil sie Sie als »Leitkatze« anerkannt haben. Katzen verfügen über einen überraschend stark ausgeprägten Sinn für die Familie und sind treue Familienmitglieder. Das beweisen nicht nur die zahlreichen Berichte von Katzen, die Hunderte oder gar Tausende von Kilometern zurücklegen, um wieder zu ihrer Menschenfamilie zu gelangen. Das beweist auch das warme und liebevolle Gefühl, das zwischen Ihnen und Ihrer Katze herrscht!

Dennoch zeigen sich Katzen sehr unabhängig von ihren Menschen: Sie jagen, obwohl sie Dosenfutter bekommen; sie durchstreifen und verteidigen ein großes Revier, obwohl ihnen ein sicheres Zuhause gegeben wird. Dieses Verhalten ermöglicht es Katzen, familiäre Probleme mit einer gewissen Distanz – und daher neutraler, objektiver – wahrzunehmen und zu beurteilen.

Worauf sollte also beim Orakel speziell geachtet werden? Entscheidende Bedeutung kommt bei Fragen zum familiären Bereich dem sozialen Verhalten der Katze zu, es muss also beobachtet werden, ob sie aggressiv oder kuschelsüchtig ist. Und auch der Umgang mit der Einrichtung bietet wichtige Hinweise auf Rat und Ansicht der Katze.

Das große Thema »Familie«

Die Bereiche »Familie« und »Liebe« überschneiden sich oft. Achten Sie daher genau darauf, welchem Bereich Ihre Frage eher zuzurechnen ist. Formulieren Sie gegebenenfalls zwei Fragen mit unterschiedlichen Schwerpunkten und führen Sie zwei Katzenorakel durch.

Zu den familiären Fragen gehört alles, was Ihre leiblichen Angehörigen betrifft: Partner(in), Ehemann oder -frau, Kind(er), Vater und Mutter, Tanten, Onkel. Auch Schwiegereltern, Pateneltern, Patenonkel/tanten, Adoptiveltern, Adoptivkinder zählen hierzu. Ebenso Haustiere, die eng in den familiären Verband einbezogen sind, vor allem Hunde. Sollten Sie frisch verliebt oder verheiratet sein, ist auf jeden Fall zu einem zweiten Katzenorakel mit dem Schwerpunkt »Liebe« zu raten.

Ebenfalls dem Bereich »Familie« zugerechnet werden enge Freunde, die bereits über längere Zeit fest in Ihr Leben integriert sind, von denen Sie also glauben, dass es wahre Freunde sind.

Um die richtige Orakelfrage zu stellen, müssen Sie sich über das Problem klar werden, das Sie beschäftigt. Je ungenauer die Frage, desto ungenauer die Antwort. Auf der anderen Seite sollten Sie nicht den Fehler begehen, die von Ihnen erwartete oder gar erhoffte Antwort bereits in die Frage einfließen zu lassen.

Hegen Sie beispielsweise den Verdacht, Ihr Mann hätte eine Affäre mit Ihrer besten Freundin, so wäre eine extrem suggestive Frage: »Hat mein Mann eine Affäre mit meiner besten Freundin?« Besser geeignet ist eine offenere Frage, etwa in der Art: »Zwischen meinem Mann und mir kam es in letzter Zeit öfter zu Streitigkeiten. Auch tauschen wir meiner Meinung nach zu wenig Zärtlichkeiten aus. Was kann ich tun, damit unser Zusammenleben wieder liebevoller wird?« – Keine Angst, wenn die Katze der Meinung ist, Sie sollten diesen alt und fett gewordenen Langweiler schnellstmöglich rausschmeißen und endlich ein neues Leben beginnen, wird sie Ihnen dies mitteilen. Stellen Sie sich ein Katzenorakel vor wie ein Gespräch mit einer guten Freundin (falls diese nicht gerade eine Affäre mit Ihrem Mann hat) oder Ihrem besten Kumpel: Je offener Sie für neue Ansätze und Zwischentöne sind, desto produktiver wird das Gespräch verlaufen.

Ähnlich verhält es sich, wenn Sie beispielsweise nach einem Weg suchen, das Verhältnis zu Ihrem pubertierenden Sohn zu verbessern, der droht, aus Protest gegen sein spießiges Elternhaus in die rechte Szene abzurutschen. Fragen Sie zum Beispiel: »Das Verhältnis zu meinem Sohn ist derzeit etwas angespannt. Er scheint sein Vertrauen in mich verloren zu haben. Was kann ich tun, um wieder ein besseres Verhältnis zu ihm aufzubauen?« Auf diese Weise öffnen Sie sich für Ratschläge und signalisieren dies auch Ihrer Katze.

Weitere Beispiele zur richtigen Fragestellung:

Sie fragen sich, ob Ihr derzeitiger Freund der Mann fürs Leben ist – »Ich hege Zweifel daran, ob mein jetziger Freund der Mann ist, mit dem ich den Rest meines Lebens verbringen sollte. Was kann ich tun, um mir darüber klar zu werden?«

Ihre stinkreiche Tante hat Sie enterbt, dabei hatten Sie das Geld doch schon eingeplant. – »Meine Tante hat mich enterbt, dies bringt mich auch in finanzielle Bedrängnis.

Vor allem aber frage ich mich, wie es zu Ihrer Entscheidung kam, und ob ich etwas gegen diese unternehmen kann und soll. Und wenn ja, was?« (Beachten Sie: Falls Ihre Sorge nicht der Beziehung zu Ihrer Tante gilt, sondern nur dem Geld, müssen Sie die Frage anders formulieren und ein Finanzorakel durchführen.)

Sie haben Angst, dass Ihre Mutter bald sterben wird. – »Ich fürchte, der gesundheitliche Zustand meiner Mutter ist nicht gut, und ich mache mir Sorgen, dass es ihr bald schlechter geht und sie sogar sterben könnte. Sind diese Sorgen gerechtfertigt, und wie gehe ich mit ihnen um?«

Durchführung und Deutung des Orakels

Formulieren Sie also Ihre Orakelfrage. Nehmen Sie sich Zeit dafür. Schreiben Sie die Frage auf, um nachher nicht die Frage einer unerwarteten Deutung anzupassen. Begeben Sie sich mit Ihrer Katze in das Orakelzimmer oder einen anderen Raum, in dem sie ungestört sind. Achten Sie darauf, dass Sie und Ihre Katze für die nächsten 30 Minuten versorgt sind, damit sie sich beide voll auf die zu klärende Frage konzentrieren können. Warten Sie, bis Ihre Katze Sie aufmerksam anschaut. Stellen Sie ihr dann mit ruhiger Stimme Ihre Orakelfrage (lesen Sie diese ruhig vom Blatt ab, wenn Ihnen das leichter fällt).

Beobachten Sie nun die Reaktion Ihrer Katze. Lassen Sie sich Zeit und geben Sie auch Ihrer Katze Zeit – auch Katzen müssen erst mal nachdenken, und die spontane erste Reaktion ist nicht immer die endgültige Orakelaussage.

Achten Sie darauf, ob Ihre Katze eine der folgend genannten Handlungen in den 15 bis 20 Minuten nach Ihrer Frage mehrfach wiederholt. Dies ist dann Ihre Hauptaussage. Aber auch Kombinationen aus verschiedenen Reaktionen und Aussagen sind möglich. Mit der Zeit werden Sie sehr schnell erkennen, was Ihre Katze meint und mit den Deutungsmöglichkeiten frei jonglieren. Wenn das Verhalten Ihrer Katze unklar bleibt, hat sie möglicherweise zu dem von Ihnen angesprochenen Thema nichts zu sagen. Auch dies kommt vor. Oder aber Ihre Katze ist der Meinung, Ihr Problem ist nicht so sonderlich groß, und Sie kommen gut alleine damit klar.

Im Zweifelsfalle führen Sie bitte frühestens drei Tage später ein weiteres Katzenorakel zum gleichen Thema durch. Formulieren Sie dabei, wenn möglich, Ihre Frage etwas anders, um der Katze die Möglichkeit zu geben, einen besseren Bezugspunkt zu finden.

Folgend finden Sie die traditionell überlieferten Reaktionen der Katzen sowie die zugehörigen Deutungen beschrieben. Um Ihnen die Klärung und vor allem Umsetzung des Katzenorakels zu erleichtern, finden Sie jeweils auch eine kurze beispielhafte Interpretation. Diese kann natürlich nicht allgemein gültig oder immer passend sein. Bewusst wurden die Musterinterpretationen so konkret wie nur möglich gehalten. Dadurch kann es leider dazu kommen, dass Sie auf den ersten Blick keinen Zusammenhang zwischen Ihrer Orakelfrage und der Interpretation feststellen können. Es liegt jedoch bei Ihnen, sich weit genug zu öffnen und flexibel genug zu denken, um den notwendigen Bezug herzustellen. Konzentrieren Sie sich nötigenfalls nur auf die Deutung (die zwei Worte unter dem Verhaltensmuster Ihrer Katze) und warten Sie ab, welche Inspirationen diese in Ihnen auslösen.

 Katze sucht Schutz unter einer Decke, einem Möbelstück

ANGST, INTOLERANZ

Durch Angst und Intoleranz schaffen wir uns selbst mehr Probleme, als wir beseitigen. Gut, Angst schützt vor Risiken. Intoleranz ebenfalls. Bloß nichts Ungwohntes tun oder zulassen. Aber die Familie ist ein lebender Organismus, dessen wichtigste Konstante die Veränderung ist. Deshalb bleibt Ihnen gar nichts anderes übrig, als solche Veränderungen zu akzeptieren. Sie müssen ja nicht gleich Freudensprünge machen. Aber ersparen Sie sich und anderen Ihre ewige Zauderei. Atmen Sie tief durch und sehen Sie die Lage so, wie sie ist. Machen Sie das Beste daraus. Übrigens wäre es auch möglich, dass es zur Lösung des Dilemmas beiträgt, Ängste und Intoleranz bei anderen Mitgliedern der Familie oder vielleicht sogar bei Außenstehenden (Freunden, Kollegen) zu entkräften.

 Katze macht einen Buckel

STAGNATION, MISSTRAUEN

Sie trauen einem Familienmitglied nicht. Oder ein Familienmitglied misstraut Ihnen. Oder Außenstehende misstrauen Ihrer Familie. Dieses Misstrauen führt zur

Stagnation – es geht nicht vor und nicht zurück. Der einzige Ausweg besteht darin, das Misstrauen abzubauen. Sollten Sie misstrauisch jemand anders gegenüber (zum Beispiel Ihrem neuen Schwager oder dem neuen Freund Ihrer Tochter) sein, so wird das am leichtesten zu klären sein. Sprechen Sie Ihre Gefühle an, auch wenn Sie das Überwindung kostet – das Gespräch aber wird unerwartet positiv ausfallen. Begegnet man hingegen Ihnen oder Ihrer Familie mit Misstrauen, so ist Feingefühl gefragt: Sie müssen erspüren (nicht erfragen), was der Auslöser der Schwierigkeiten ist. Danach sollte es Ihnen leicht fallen, diesen auf eine verbindliche Weise aus der Welt zu schaffen.

 ## Katze reibt ihren Kopf an Ihrer Hand

KONTAKTE, NEUGIER

Jeder neigt dazu, Menschen, die er gut kennt, nicht mehr genau wahrzunehmen. Sie sollten versuchen, den Kontakt zu Ihren Familienmitgliedern zu intensivieren. Bewaffnen Sie sich dazu am besten mit einer ordentlichen Portion Neugier. Was genau geht in Ihrer Tochter vor? Wie gut gefällt Ihrem Mann sein Job? Wie steht es um die Gesundheit Ihrer Lieblingstante? Nehmen Sie sich Zeit für Gespräche. Genießen Sie sie. Übertreiben Sie nicht – lieber ein gutes, tiefes Gespräch alle paar Wochen als drei belanglose Plaudereien pro Tag! Horchen Sie bei dieser Gelegenheit auch in sich hinein, nehmen Sie Kontakt zu sich selbst auf, seien Sie neugierig: Wie geht es Ihnen?

Wann haben Sie das letzte Mal Bilanz gezogen? Sind Sie glücklich oder unglücklich, gesund oder kränkelnd? Entdecken Sie Ihre Familie neu und nutzen Sie vielleicht sogar die Gelegenheit, bislang vernachlässigte Verwandte oder enge Freunde intensiver in Ihr Leben einzubinden.

 ## Katze reibt ihren Kopf an Ihrem Bein

KONTAKTE, VERLÄSSLICHKEIT

Sie geben sich so viel Mühe, reiben sich auf für andere – und fühlen sich selbst verkannt und vernachlässigt? Sie sind sehr gut darin, bestehende Kontakte zu pflegen. Sie melden sich oft, helfen gern. Sie setzen Ihre Kontakte auch produktiv ein: Ihr Onkel will ein neues Auto kaufen, Ihr Exfreund ist Mechaniker – schon laden Sie die beiden zum Grillen ein. Aber dabei strahlen Sie zu wenig Verlässlichkeit aus. Wird Ihnen manchmal alles zu viel? Rufen Sie in einem Rutsch alle Verwandten und Freunde an, nur um sich dann zwei Wochen nicht mehr zu melden? Sie geben den anderen das Gefühl, überlastet zu sein (was sie wahrscheinlich auch sind), sodass niemand Sie strapazieren möchte. Reduzieren Sie Ihren Stress und übernehmen Sie nur noch die Aufgaben, um die Sie sich wirklich von Anfang bis Ende kümmern können. Werfen Sie sie nicht mittendrin hin. Werden Sie ein regelmäßiger Gast im Leben Ihrer Lieben, statt nur hin und wieder vorbeizuschauen. Schnell werden Sie das Feedback erhalten, das Ihnen jetzt abgeht.

Katze kommt zu Ihnen und richtet sich auf, um ihren Kopf an Ihrer Stirn zu reiben

KONTAKTE, STREBEN

Sie versuchen mit aller Gewalt, Kontakte aufrechtzuerhalten oder neue aufzunehmen. Vielleicht sind Sie sogar auf der Suche nach einem Mann/einer Frau fürs Leben, um (endlich) Ihre eigene Familie zu gründen? Sie drängen sich in das Leben Ihrer Verwandten und Freunde, geben ungefragt zu allem Ihren Senf dazu. Bemühen Sie sich, diesen Erfolgsdruck abzulegen. Worum geht es Ihnen wirklich? Fühlen Sie sich vielleicht ungeliebt oder zu wenig beachtet? Pflegen Sie lieber weniger Kontakte, statt so vielen Menschen wie möglich der beste Freund, die beste Freundin oder ein unentbehrlicher Helfer sein zu wollen. Sie wissen ja, je lockerer Sie eine Sache angehen, desto größer sind Ihre Erfolgschancen. Und die stehen in Sachen Partner fürs Leben gar nicht mal so schlecht.

 Katze drängt Sie, sie zu streicheln

VERTRAUEN, OBERFLÄCHLICHKEIT

Lassen Sie sich Ihr Vertrauen in die Familie nicht durch einen oberflächlichen Konflikt zerstören. Halten Sie fest an den Gefühlen, die tief in Ihnen verwurzelt sind. Aber bleiben Sie dabei offen auch für unorthodoxe Lösungsansätze. Vielleicht haben Sie sich mit Ihrer Schwester über eine Lappalie zerstritten, oder der Haarschnitt Ihres Sohnes sorgte für einen Eklat. Fragen Sie sich, ob solche Kleinigkeiten wirklich so wichtig sind. Es liegt bei Ihnen, die Situation einzuschätzen und gegebenfalls das beschädigte Vertrauen wieder aufzubauen. Schmollen Sie nicht, sondern tun Sie den ersten Schritt, auch wenn es Ihnen schwer fällt. In Kürze schon werden Sie zurückschauen und gar nicht mehr wissen, was eigentlich der Auslöser des Zerwürfnisses war.

 **Katze leckt
Ihre Hand**

ILLUSION, VERTRAUEN

Das Problem, nach dessen Lösung Sie Ausschau halten, kann zweierlei Ursachen haben. Entweder erliegen Sie der Illusion, dass in einer familiären Beziehung Vertrauen besteht, in der dies gar nicht der Fall ist. Das kommt häufig vor allem zwischen (pubertierenden) Kindern und ihren Eltern vor – die Eltern glauben, alles sei in Ordnung, aber die Kinder trauen Ihnen nicht. Es könnte aber auch sein, dass Sie der Meinung sind, ein Vertrauensverhältnis sei gestört, obwohl dies gar nicht der Fall ist. Auch dies passiert recht häufig zwischen Kindern und Eltern jeden Alters – Sie können jedoch davon ausgehen, dass die in Frage stehende Beziehung intakt ist und Ihr Gegenüber ein größeres Vertrauen zu Ihnen hat, als Sie annehmen. Verscheuchen Sie die Illusion, verschaffen Sie sich Klarheit über den tatsächlichen Stand der Dinge.

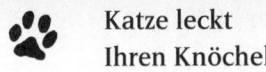

Katze leckt Ihren Knöchel

ILLUSION, VERLÄSSLICHKEIT

Sie wurden enttäuscht, weil Sie sich auf jemanden verlassen haben, der Ihre Erwartungen jedoch nicht erfüllte. Doch wusste derjenige überhaupt, was Sie erwarteten? Vielleicht liegt hier schon der Hund begraben. Sie müssen lernen, zu verifizieren, was Sie erwarten, um derartigen Schwierigkeiten aus dem Weg zu gehen. Möglicherweise haben auch Sie unbemerkt jemanden im Stich gelassen, ohne dies jedoch zu beabsichtigen. Gehen Sie noch einmal alle Begegnungen und Kontakte der letzten neun Tage durch. Haben Sie Zusagen gemacht, die Sie nicht halten konnten? Waren Sie vielleicht unverbindlicher als nötig? Auch Sie selbst sollten versuchen, offen und ehrlich zu kommunizieren und keine falschen Erwartungen zu wecken.

Katze leckt Ihr Gesicht

ILLUSION, OPTIMISMUS

Noch unterliegen Sie einer Illusion, einer unkorrekten Wahrnehmung. In naher Zukunft werden Sie eine Enttäuschung erleben und eine Ansicht korrigieren müssen. Aber das sollte Sie nicht entmutigen, denn wenn diese Sache erst einmal ausgestanden ist, dann stehen die Zeichen gut für Sie und Ihre Familie. Was Sie sich vornehmen oder planen, wird auch gelingen. Sie können auf die Unterstützung

Ihrer Familie zählen. Wenn möglich, wäre jetzt auch ein guter Zeitpunkt für ein Familienfest, um Ihre Angehörigen wissen zu lassen, wie viel sie Ihnen bedeuten. Denn bei allem Optimismus: Sie sollten noch ein wenig daran arbeiten, andere wissen zu lassen, wie wertvoll sie Ihnen sind. Davor fürchten Sie sich zwar ein wenig, weil Sie bislang nicht gelernt haben, derartige Gefühle offen anzusprechen, aber Sie sollten es einfach einmal versuchen. Sie werden erstaunt sein, wie warmherzig die Reaktion ausfallen wird.

 **Katze legt sich in Sphinx-Position
auf den Boden und schaut Sie an**

RUHE, ORDNUNG

Es ist Zeit, in familiären Dingen für Ruhe und Ordnung zu sorgen. Wollten Sie nicht schon lange einen Heiratsantrag machen? Vielleicht sollten Sie aber auch Ihre Angelegenheiten ordnen und ein Testament verfassen? Oder endlich eine lange überfällige Trennung umsetzen? Ruhe und Ordnung kehren nicht über Nacht ein, sind nicht mühelos und schmerzfrei zu erreichen. Machen Sie sich frei von Ihrem Wunsch, es jedem recht zu machen – das wird diesmal nicht gelingen. Es ist denkbar, dass Sie eine sehr schwierige und unangenehme Entscheidung treffen oder eine Erkenntnis akzeptieren müssen. Genauso gut aber kann es sein, dass Sie nur einen Herzenswunsch endlich wahr werden lassen sollten. So oder so wird sich die Entscheidung schnell – schon innerhalb der nächsten zwei Wochen – als die richtige herausstellen.

**Katze legt sich in Sphinx-Position
auf den Boden und schaut Sie nicht an**

RUHE, LANGEWEILE

In Ihrer Familie ist nicht viel los, oder? Wenn sich Tante Ottilie den Fuß verstaucht, erfahren Sie bei der nächsten Hochzeit oder Beerdigung davon, und auch sonst ist das Leben nicht sehr ereignisreich. Das kann ja auch eine Weile ganz nett sein – aber auf die Dauer wird diese einschläfernde Ruhe langweilig. Unternehmen Sie etwas! Besuchen Sie lange vernachlässigte Verwandte. Machen Sie einmal wieder Urlaub mit Ihren Eltern oder Kindern (es wird viel mehr Spaß machen, als Sie sich vorstellen können, solange Sie gegenseitig Ihre Grenzen respektieren). Veranstalten Sie ein großes Familienfest, rufen Sie einen regelmäßigen Newsletter ins Leben. Aber übertreiben Sie nicht; genießen Sie zwischendurch auch immer wieder die Ruhephasen – bis es Ihnen zu langweilig wird.

 **Katze reibt ihren Kopf an einem Möbelstück
ohne Stoffbezug (zum Beispiel Kante einer
Kommode)**

OBERFLÄCHLICHKEIT, TRAUER

Unter der heiteren, unproblematischen Oberfläche verbirgt sich tiefe Trauer. Haben Sie einen geliebten Familienangehörigen verloren oder eine schwere Trennung durchstehen müssen? Es könnte sein, dass Ihr Schmerz noch nicht vollständig verarbeitet ist. Vielleicht war auch einfach keine Zeit für die notwendige Trauerarbeit, oder Sie hatten

das Gefühl, Sie müssten mit dem Thema bereits abge-
schlossen haben. Versuchen Sie, die Ursache herauszufinden. Nehmen Sie sich dann die Zeit, den Vorfall noch
einmal zu durchleben. Wie fühlten Sie sich, als Sie die
schlimme Nachricht erhielten? Wer hat Ihnen in Ihren
schwersten Stunden zur Seite gestanden? Schämen Sie
sich nicht, aber versuchen Sie auch gar nicht erst, anderen
Ihren derzeitigen Zustand zu erklären. Es lohnt sich nicht.
Sie werden den Fall – wenn Sie es erst einmal zulassen –
schnell aufarbeiten und dann abschließen können.

 **Katze reibt ihren Kopf an einem Möbelstück
mit Stoffbezug (zum Beispiel Sofa)**

Oberflächlichkeit, Neid

Meiner ist länger, meiner war teurer? Unter der verletzenden
Oberflächlichkeit einiger Verwandter verbirgt sich in Wahrheit blanker Neid. Haben Sie im Lotto gewonnen, reich ge-
heiratet oder sind Sie in letzter Zeit befördert worden? Vielleicht geht es aber auch gar nicht um Geld: Haben Sie eine
ungewöhnlich schöne Frau, ein hochbegabtes und dabei
ausgesprochen braves Kind, eine reizende und stets hilfs-
bereite Schwester? Versuchen Sie, den Neid nicht noch zu
schüren, indem Sie bei jeder Gelegenheit (wenn auch ohne
böse Absicht) auf Ihre Situation hinweisen. Stecken Sie ein
wenig zurück, betonen Sie nicht bei jeder Familienfeier erneut, dass Sie Karriere gemacht haben, während Ihr Bru-
der von der Sozialhilfe lebt und nach all den Jahren noch im
Keller der Eltern haust. Sie haben ja Recht, aber Sie müssen
nicht immer grundlos darauf beharren. Wenn Sie die Mög-

lichkeit haben, dann teilen Sie Ihren Reichtum, sei er ideell oder finanziell: Leihen Sie Ihrem armen Schwager Geld, verbreiten Sie gute Laune und lassen Sie andere an Ihrer Happiness teilhaben. Hören Sie auf zu prahlen und zu vergleichen.

 ### Katze beginnt allein zu spielen
(zum Beispiel mit Spielmaus, Teppichfäden)

UNGEDULD, KREATIVITÄT

Ihre Ungeduld hindert Sie an einer kreativen Lösung eines schwelenden Konfliktes. Sie wollen ein Problem effektiv lösen, sind auf der Suche nach einem »Patentrezept«. Doch die Sache ist viel zu komplex oder verfahren, um mit ein paar kurzen Sätzen aus der Welt zu schaffen zu sein. Machen Sie sich also keine falschen Hoffnungen und nehmen Sie sich die Zeit, die nötig ist, um das gewünschte Ergebnis zu erzielen. Wahrscheinlich handelt es sich um eine Schwierigkeit, die vor einer möglichen Aussöhnung noch auszuräumen ist. Sie sollten Ihren Gesprächspartner oder Ihre Gesprächspartnerin ernst nehmen, wesentlich ernster als bisher. Setzen Sie Ihre Kreativität ein, um eine gute Lösung zu erreichen. Vielleicht müssen Sie einen ungewöhnlichen Kompromissvorschlag machen oder ein Zusammentreffen an einem bislang ungenutzten Ort initiieren.

Katze rollt sich zusammen und schnurrt

VERTRAUEN, GÜTE

Verlieren Sie nicht das Vertrauen in Ihre Güte – und die Ihrer Familie. Ist etwas zu verzeihen? Haben Sie oder Mitglieder Ihrer Familie einen Fehler gemacht, und bislang steht eine angemessene Entschuldigung noch aus? Klammern Sie sich nicht an Formalitäten, hören Sie stattdessen auf Ihre innere Stimme. Gehen Sie mit sich oder anderen nicht so hart ins Gericht, wie es vielleicht sonst Ihre Art ist. Sehen Sie sich lieber als eine hilfreiche, gütige Instanz, die zwar eine dezidierte eigene Meinung vertritt, aber dennoch nicht blindlings und beängstigend verurteilt. Entwickeln Sie auch (wieder) ein größeres Vertrauen sowohl in sich und Ihr eigenes Verhalten als auch in die Positionen Ihrer Familienmitglieder. Lassen Sie sich nicht durch Stolz oder andere Störfaktoren auseinander bringen.

 ## Katze rollt sich zusammen und schläft ein

VERTRAUEN, RUHE

Gehen Sie die Sache in aller Ruhe an. Haben Sie Vertrauen sowohl in sich und Ihr Handeln als auch in die anderen Beteiligten. Der zu bewältigende Konflikt erscheint Ihnen im Augenblick beinahe unlösbar – und ist dies vielleicht in der derzeitigen Situation auch. Aber bald wendet sich das Blatt. Sie dürfen jetzt nur nicht vorpreschen und versuchen, alles auf einmal und ganz schnell zu regeln. Jedes Geschehen hat seine eigene, ihm innewohnende Geschwindigkeit, auch wenn Ihnen das nicht passt. Statt sich über die kurzfristige Unveränderlichkeit aufzuregen, sollten Sie die Ruhe vor dem Sturm genießen. Denn mit einer Wendung zu Ihren Gunsten beginnt auch ein völlig neuer Abschnitt von hoher Intensität und mit einem ganz neuen Tempo!

Katze rollt sich in Ihrem Schoß zusammen und schnurrt

WOHLSTAND, RUHE

Sie machen sich völlig unnütz Sorgen. Bleiben Sie ruhig, genießen Sie die ruhige Geborgenheit, die eine stabile Familie Ihnen bieten kann. Nur weil nicht alles ganz nach Plan läuft, müssen Sie nicht gleich anfangen zu grübeln. Die Gründe für den scheinbaren Konflikt sind oberflächlicher Natur und schnell geklärt. Fragen Sie nach, dann ist die Angelegenheit im Nu erledigt. Anschließend können Sie sich wieder dem Genuss hingeben, Mitglied einer funktionierenden Familiengemeinschaft zu sein. Schauen Sie sich um, sprechen Sie vielleicht sogar mit Freunden und Verwandten, um sich die Besonderheit Ihrer Situation bewusst zu machen. Sie sollten lernen zu genießen, was Sie haben, statt nach einer Perfektion zu streben, die ohnehin (wenn überhaupt) nur kurzzeitig zu erreichen ist.

Katze rollt sich in Ihrem Schoß zusammen und schläft ein

WOHLSTAND, STAGNATION

Sie fühlen sich geborgen im Schoß Ihrer Familie. Das ist zwar an sich sehr schön, und dieses Gefühl sollten Sie hegen und genießen. In Ihrem Fall aber führt der enge Familienzusammenhalt auch zu einer gewissen Stagnation. Ist eine überfällige Entscheidung zu treffen, ein Abnabelungsprozess zu vollziehen? Sie müssen kein schlechtes Gewissen haben, weil Sie Ihr eigenes Leben leben wollen. Sie können Ihre Wünsche umsetzen und dennoch weiter Teil einer Gemeinschaft sein. Entgegen Ihren derzeitigen Befürchtungen werden Sie sogar erfüllter und entspannter auftreten und Ihre Familie und die engen Freunde an Ihrer Freude teilhaben lassen. Ruhen Sie sich nicht aus auf dem, was Sie haben, was Ihnen fast schon hinterhergetragen wird. Verwirklichen Sie Ihre eigenen Träume – werden Sie endlich aktiv!

Katze kratzt Sie an der Hand

ENERGIE, AKTIVITÄT

Wow! Ihnen stehen alle Türen offen. Was für Änderungen im familiären Bereich Sie auch anstreben – ein (weiteres) Kind, Aussöhnung mit Ihrem Vater, einen liebevollen Partner finden –, Sie werden es mühelos realisieren können. Wenn anderen die Puste ausgeht, fangen Sie erst so richtig an. Nutzen Sie die Gelegenheit, selten waren Sie so energiegeladen und aktiv. Was Sie jetzt in die Wege leiten, werden Sie auch erfolgreich zu Ende bringen können. Natürlich müssen auch Sie darauf achten, sich nicht zu übernehmen, aber Sie können derzeit schon recht viel leisten. Und wenn Sie am Ende doch Hilfe brauchen, wird Ihre Familie Sie auf eine unerwartete, aber sehr effektive Weise unterstützen.

 ### Katze kratzt Sie am Bein

ENERGIE, BESCHRÄNKUNG

In Ihnen brodelt es, Sie platzen fast vor Energie – aber Vorsicht: Nehmen Sie jetzt nur die wirklich wichtigen Projekte in Angriff. Wenn Sie sich verzetteln oder übernehmen, droht ein Scheitern auf ganzer Linie. Gelingt es Ihnen jedoch, sich zu beschränken und das Wichtige vom Unwichtigen zu trennen, so werden Sie Ihre Ziele auch erreichen. Gönnen Sie Ihren Familienmitgliedern einmal eine Atempause, kümmern Sie sich mehr um sich als um die anderen. Es wird Ihnen allen gut tun. So laden Sie Ihre Batterien wieder auf. Denn obwohl Sie das Gefühl haben, vor Energie zu bersten, handelt es sich dabei doch nur um ein Strohfeuer. Sie sollten jedoch langfristig denken und agieren. Verbünden Sie sich gegebenenfalls sogar mit bisher ungeliebten Personen, um schneller ans Ziel zu kommen.

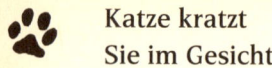

Katze kratzt Sie im Gesicht

STARRSINN, GEWICHTUNG

Sie wollen im Urlaub in die Berge, die anderen ans Meer? Sie wollen das rote Auto, Ihr Mann aber das schwarze? Sie können ja so ungemein stur und starrsinnig sein. Das haben Sie allerdings schon zur Genüge bewiesen, und alle langjährigen Mitglieder Ihrer Familie haben es satt. Sie geben erst nach, wenn Sie durchgesetzt haben, was Sie wollen? Dann ziehen Sie sich warm an. Denn zum vielleicht ersten Mal in Ihrem Leben werden Sie die Erfahrung machen, dass Sie nicht kriegen, was Sie wollen. Jedenfalls nicht so. Sie können es aussitzen. Oder Sie können gleich anfangen, zwei neue Verhaltensmuster zu üben: Flexibilität und Kompromissbereitschaft. Fragen Sie sich einmal ehrlich, worum es eigentlich geht. Rechtfertigt das Thema, der Streitgegenstand, tatsächlich einen derartigen Starrsinn, eine solche Unbeweglichkeit? Oder ist das einfach nur Ihre Art, sich selbst Ihre Wichtigkeit unter Beweis zu stellen? Sie müssen auch einmal verzichten. Tun Sie es gleich, und tun Sie es leise, dann ist die »Niederlage« deutlich unauffälliger. Und machen Sie es sich gleich zur Gewohnheit, erst nachzudenken und nach Kompromissen zu suchen, bevor Sie das nächste Mal wieder auf stur schalten!

Katze spielt mit Ihnen

KREATIVITÄT, ARBEITSLUST

Leben Sie Ihre Kreativität aus. Bauen Sie Ihrem Sohn (oder sich selbst) ein Baumhaus. Legen Sie ein Familienalbum an und schreiben Sie all die tollen Storys hinein, die Ihre Verwandten so zum Besten geben. Laden Sie Ihre Freundinnen zu einer Pyjamaparty ein. Was auch immer Sie sich ausdenken, Sie werden größte Freude daran haben, es umzusetzen und wahr werden zu lassen. Bleiben Sie dabei, halten Sie durch. Sie werden an den leuchtenden Augen der anderen erkennen, welch große Freude Sie ihnen gemacht haben. Noch lange wird man sich von Ihrer Aktion erzählen. Und unterschätzen Sie sich nicht – im Moment haben Sie die Kraft und Motivation, Ihre Ideen umzusetzen. Nutzen Sie diese Zeit. Sie werden stolz auf sich sein und lange davon zehren!

 ## Katze knabbert an Ihrem Handrücken, Ihren Fingern

OBERFLÄCHLICHKEIT, LABILITÄT

Die Beziehungen in Ihrer Familie sind geprägt durch eine erkennbare Oberflächlichkeit, was zu hoher Labilität führt. Sprich: Sie haben nur selten das Gefühl, sich auf Familienmitglieder verlassen oder ihnen trauen zu können. Naheliegenderweise transportieren Sie das entsprechende Problem durch Ihr Verhalten auch auf andere wichtige Beziehungen – sei es ein (potenzieller) Partner oder ein Arbeitskollege/eine Arbeitskollegin. Der einzige Ausweg aus dieser Situation besteht darin, dass Sie Ihr Verhalten radikal ändern! Bringen Sie Menschen, die Ihnen etwas bedeuten, echtes Interesse entgegen. Und umgekehrt: Wenn etwas Sie nicht interessiert oder berührt, bringen Sie auch dies zum Ausdruck. Es ist höchste Zeit, dass man weiß, woran man bei Ihnen ist. Das wird unweigerlich dazu führen, dass auch die übrigen Familienmitglieder sich anders verhalten. Natürlich werden Sie in einigen Fällen negativ überrascht werden, aber insgesamt können Sie nur gewinnen.

 **Katze spielt mit Ihnen,
kratzt sie dabei aber**

AUSWEICHEN, LÜGE

Sie versuchen, den entscheidenden Konflikten immer wieder auszuweichen. Einem familiären Streit oder Problem liegt eine Lüge zugrunde. Diese kann von einem Familienmitglied, aber auch von einer außenstehenden Person geäußert worden sein. Dies ist wahrscheinlich nicht in böser Absicht geschehen, führt aber immer wieder zu Schwierigkeiten, die auszuräumen Sie sich allerdings bisher auch scheuen. Nehmen Sie all Ihren Mut zusammen, berufen Sie den Familienrat ein und klären Sie die Angelegenheit. Geben Sie dem Lügner eventuell sogar Gelegenheit, die Sache zu bereinigen, ohne bestraft zu werden. Auch wenn dieses Gespräch unangenehm ist, wird es doch schon innerhalb kurzer Zeit seine katalysierende Wirkung entfalten und auch Konsequenzen für andere Lebensbereiche haben.

Katze kratzt an Einrichtungsgegenständen ohne Stoffbezug (zum Beispiel Tür, Kommode)

NEUGIER, TRAUER

Sie sind hin und her gerissen. Einerseits treibt Sie die Sehnsucht nach etwas Neuem – vielleicht einer neuen Beziehung oder einem Kind? Andererseits haben Sie einen Trauerfall noch nicht vollständig verarbeitet – möglicherweise eine Trennung oder eine Fehlgeburt. Doch Sie sollten nicht zu sehr in der Vergangenheit leben. Was geschehen ist, ist geschehen, und Sie können nichts mehr dagegen unternehmen. Wenn Sie behutsam vorgehen und immer wieder innehalten und reflektieren, dann wird es Ihnen gelingen, einen Neuanfang zu wagen, ohne dabei die Vergangenheit (und mit ihr die noch zu bewältigende Trauer) zu verleugnen. Trauen Sie sich! Das Leben geht weiter! Wenn Sie sich weiterhin einigeln, zieht es an Ihnen vorbei. Seien Sie bereit, aus Ihrem Schneckenhaus hervorzukommen!

 ### Katze kratzt an Einrichtungsgegenständen mit Stoffbezug (zum Beispiel Sofa)

NEUGIER, ILLUSION

Ihre Neugier in allen Ehren, aber das Bedürfnis, alles umzuschmeißen und »von vorne« anzufangen ist eine Illusion. Sie haben jedoch die Möglichkeit, mit Hilfe Ihrer natürlichen Neugier eine scheinbar ausweglose Situation aus einem neuen Blickwinkel zu betrachten. Das wird es

Ihnen ermöglichen, eine Lösung zu finden, die alte Werte in neue Wege integriert. Zugleich werden Sie einige irrige Vorstellungen, denen Sie sich derzeit noch hingeben, als das entlarven, was sie sind. Ohne diesen Ballast wird es Ihnen noch leichter fallen, neue Eindrücke und Anregungen nahtlos in Ihr bisheriges Leben zu integrieren. Lassen Sie sich von Anfangsschwierigkeiten nicht entmutigen oder enttäuschen – langfristig wird Ihre Neugier Ihnen Möglichkeiten eröffnen, die anderen verborgen bleiben.

 Katze springt auf ein Möbelstück, einen Stuhl

STREBEN, UNGEDULD

Sie sind sehr angespannt und drängen ungeduldig auf eine Veränderung zum Besseren. Doch diese ist nicht umsonst zu haben. Wenn Sie auf einer sofortigen Umsetzung Ihrer Vorstellung, Ihrer Wünsche beharren, werden Sie schon bald einen unangemessen hohen Preis dafür bezahlen. Klüger wäre es, tief durchzuatmen und etwas ruhiger vorzugehen. An sich ist es durchaus lobenswert und konstruktiv, dass Ihnen das Beste gerade gut genug ist. Doch sollten Sie diesen Anspruch nicht nur an Ihre Familienmitglieder und deren Handlungen stellen, sondern auch und zuallererst an sich selbst. Und wenn Sie ganz ehrlich sind, dann werden Sie dabei einige Schwachstellen ausmachen, die Sie anderen so nicht zubilligen würden. Halten Sie an Ihren hohen Zielen fest, aber geben Sie sich und allen übrigen Beteiligten etwas mehr Zeit. Wenn Sie mit drei Monaten statt drei Wochen kalkulieren, werden Sie aller Wahrscheinlichkeit nach mit dem Ergebnis zufriedener sein.

 ## Katze springt auf das Fensterbrett und schaut hinaus

KLARHEIT, INTUITION

Sie sehen die Situation klar und korrekt. Folgen Sie nun Ihrer Intuition, um sie nach Ihren Wünschen anzupassen oder zu verändern. Vertrauen Sie auf die Klarheit Ihrer Wahrnehmung und treffen Sie eine angemessenen – d. h. ebenso klare und für alle Beteiligten nachvollziehbare – Entscheidung. Sollten Sie damit noch Schwierigkeiten haben, dann hören Sie auf Ihre innere Stimme. Locken Sie sie aus der Reserve, fragen Sie sich, was Sie sich im Idealfall für einen Ausgang der Sache wünschen. Dann handeln Sie entsprechend. Diesmal werden Sie realisieren können, was Sie vorhaben, und die anderen werden es Ihnen am Ende danken. Überhaupt werden sich alle in Kürze fragen, wie es überhaupt zu diesem Problem kommen konnte. Und Sie werden als derjenige oder diejenige gelten, der/die es meisterlich und leichthändig in den Griff bekam.

 ## Katze entfernt sich so weit wie möglich von Ihnen, verlässt vielleicht sogar den Raum

ALARM, NEID

Ein Familienmitglied ist neidisch auf Sie – oder Sie sind neidisch auf die Erfolge eines Verwandten oder engen

Freundes. Das kommt, wie man so schön sagt, »in den besten Familien« vor. Doch die aktuelle Situation ist alarmierend und erfordert schnelles und entschlossenes Handeln. Hüten Sie sich vor falschen Freunden – möglicherweise tarnt sich der Neider als Ihr größter und begeistertster Helfer! Sie müssen der Sache auf den Grund gehen und mit den Betroffenen ein vernünftiges Gespräch führen. Sonst könnte es schlimmstenfalls passieren, dass der Neid zu Übergriffen auf Eigentum oder Personen führt. Möglicherweise ist eine Erbschaft oder ein Testament betroffen. Doch wenn Sie es schaffen, das Problem innerhalb der nächsten acht Tage zu klären, dürfen Sie mit einer zügigen und grundlegenden Besserung rechnen. Der Kern der Lösung wird darin bestehen, dem Neider deutlich zu machen, wie er aus eigener Kraft ähnliche Erfolge erreichen kann.

 Katze kommt mit langgestrecktem Körper auf sie zugeschlichen, schnuppert an Ihnen

NEUGIER, ORIGINALITÄT

Nutzen Sie Ihre drängende Neugier, um alternative Meinungen zu einem recht frischen Problem im Familienkreise einzuholen. Eine externe Meinung (möglicherweise sogar von jemandem, der die Familie gar nicht kennt) kann die Angelegenheit in einem ganz neuen Licht dastehen lassen oder eine bislang ungeahnte Lösung oder Veränderung aufzeigen. Um die möglichen Schwierigkeiten auszuräumen, müssen Sie mit Originalität vorgehen und dürfen sich von ersten Rückschlägen nicht entmutigen lassen.

Versuchen Sie jedoch, aus Misserfolgen zu lernen, denn sonst werden Sie für die nötigen Maßnahmen deutlich länger brauchen. Das Ungewöhnliche an Ihrem Handeln wird wiederum andere Familienmitglieder interessieren und neugierig auf Ihre Position machen. Nutzen Sie diesen Schub.

 Katze rollt sich auf den Rücken, schaut Sie dabei über Kopf an

WANKELMUT, LIEBE

Es ist ein ewiges Hin und Her in Ihrer Familie, und oft weiß niemand so recht, woran man ist. Aber letztlich haben Sie alle Probleme bislang durch die Kraft Ihrer Liebe lösen können. Darauf dürfen Sie auch dieses Mal vertrauen. Dennoch werden Sie leichteres Spiel haben – und sich auch in Zukunft vieles einfacher machen können –, wenn Sie nicht mehr versuchen, sich stets alle Optionen offen zu halten. Dies mag Ihnen persönlich ganz logisch und völlig unproblematisch erscheinen, aber auf andere wirkt es verunsichernd. Sie sollten stärker die verbindenden Kräfte in den Mittelpunkt stellen und sich auf diese Gemeinsamkeiten konzentrieren. Schaffen Sie eine stabilere, vertrauensvollere Basis. Ihre Ausgangsposition dafür ist ausgezeichnet. Damit werden sich viele kleine Alltagsprobleme in Luft auflösen, denn sie dienten nur der Bestätigung der an sich tragfähigen Beziehungen zwischen den Beteiligten.

Katze rollt sich auf den Rücken, schaut Sie dabei nicht über Kopf an

Freiheit, Erfrischung

Sie fühlen sich durch familiäre Zwänge oder Rituale ein-geengt oder bedrängt. Doch das muss nicht sein. Sorgen Sie für frischen Wind! Nehmen Sie sich die Freiheiten, die Sie für notwendig halten. Achten Sie aber darauf, alle Be-troffenen rechtzeitig und ausführlich zu informieren. Wenn Sie zum Beispiel einfach mal eine Auszeit von den nervi-gen Zwillingen brauchen, sprechen Sie mit Ihrem Mann und eventuell auch den Kindern darüber. Erklären Sie, dass sie einmal etwas Zeit nur für sich benötigen. Bleiben Sie freundlich, aber bestimmt. Lassen Sie sich nicht in letz-ter Minute umstimmen – tun Sie, was Sie sich vorgenom-men haben. Sie müssen jedoch auch bereit sein, sich ent-behrlich zu machen. Wenn Sie Freiheit von anderen benötigen, müssen Sie die anderen auch von sich frei ma-chen – wenigstens ein Stück weit. Sie werden sehen, wie erholsam eine kleine Pause voneinander (vielleicht auch von den eigenen Eltern, der Clique oder in der Nähe leben-den Verwandten) sein kann. Und um wie viel energierei-cher und fröhlicher Sie die Beziehungen danach weiter-führen.

Liebe

Tja, die Liebe. Wer wüsste nicht gern, wie es weitergeht – mit dem neuen Freund, mit der Gattin, mit der heißen Affäre. Ist der Surflehrer wirklich ein hohler Muskelprotz – oder vielleicht doch einen Flirt wert?

Katzen kennen unsere Form der monogamen Liebe nicht. Sie buhlen immer wieder neu umeinander, finden sich ständig wechselnd zur Paarung zusammen.

Aber gerade deshalb behalten sie in Liebesdingen den distanzierten Überblick, was ihre geliebten Zweibeiner angeht.

Der Schwanz ist das Orakel-Barometer in Liebesdingen. Ergänzend hinzuziehen lässt sich das emotionale Verhalten (von kuschelig bis aggressiv) Ihnen gegenüber.

Das große Thema »Liebe«

Sie müssen ganz klar zwischen den Bereichen »Liebe« und »Familie« unterscheiden. Bitte stellen Sie Ihre Frage, wenn nötig, zwei Mal mit unterschiedlichen Schwerpunkten. Wenn sich beispielsweise das Verhältnis zu Ihrer besten Freundin überraschend verschlechtert hat, so fällt dieses Problem eher unter »Liebe« (denn auch enge Freundschaften basieren auf Liebe). Wenn aber die Beziehung zu Ihrem Mann in Frage steht, so müssen Sie sich zuallererst fragen, ob für Sie der Mann als Familienmitglied und Ernährer das Problem darstellt, oder der Mann, mit dem

Sie das Bett teilen und den Sie (zumindest irgendwann mal) liebten.

Ähnlich verhält es sich mit Fragen, die zum Beispiel Ihre Kinder betreffen – bleibt Ihr Kind in der Schule zurück und will sich »Schweinewelt« auf den Bauch tätowieren lassen? Das gehört zur Familie! Haben Sie das Gefühl, die bislang innige Beziehung zu Ihrer 13-jährigen Tochter sei gestört, seit Sie Ihr verboten haben, die Pille zu nehmen und mit ihrem »Sugar-Daddy« zusammenzuziehen? Thema Liebe!

Hinzu kommen natürlich die ganz klassischen Fragen:

● Hat mein Mann/meine Frau/mein Freund/meine Freundin eine Affäre?

● Warum haben wir seit zwei Tagen/zwei Wochen/zwei Jahren keinen Sex mehr?

● Ist mein Bio-Lehrer in mich verliebt?

● Wann finde ich endlich den Mann/die Frau fürs Leben?

● Der neue Azubi ist so süß, was soll ich tun?

● Ist mein Cyberflirt wirklich eine Frau, die immer ohne Höschen aus dem Haus geht?

● Werde ich befördert, wenn ich mit meinem Chef schlafe? (Ha, erwischt – das ist ein Fall für ein »Karriere«-Katzenorakel!)

- Wann finde ich endlich mal wieder jemanden, der mit mir schläft?

- Sollte ich was mit dem Kickboxtrainer meiner unehelichen Tochter anfangen?

- Wollen eigentlich alle immer nur mit mir schlafen? Warum liebt mich niemand?

- Was kann ich tun, um attraktiver zu wirken?

- Ich habe mich in den Mann meiner besten Freundin/ meiner Schwester verliebt – was tun?

Bitte denken Sie daran, Ihre Frage neutral und offen zu formulieren, ohne Ihre Erwartungshaltung hineinspielen zu lassen. Je weniger Sie sich von dem Orakel versprechen oder erhoffen, desto ergiebiger und treffender wird es ausfallen. Wenn Sie von einer Meinung vorher schon überzeugt sind, brauchen Sie nicht Ihre Katze zu fragen! Also: Frage möglichst konkret – aber dabei positiv und offen – formulieren, der Katze vorlesen oder stellen und dann eine gute Viertelstunde lang das Verhalten der Katze einfach auf sich wirken lassen.

Übung macht den Meister, also fragen Sie nicht gleich als Erstes, ob Sie heiraten oder sich scheiden lassen sollten. Fangen Sie mit einfacheren Themen an, tasten Sie sich langsam an komplexere Sachverhalte heran.

Durchführung und Deutung des Orakels

Formulieren Sie also Ihre Orakelfrage. Nehmen Sie sich Zeit dafür. Schreiben Sie die Frage auf, um nachher nicht die Frage einer unerwarteten Deutung anzupassen. Begeben Sie sich mit Ihrer Katze in das Orakelzimmer oder einen anderen Raum, in dem sie ungestört sind. Achten Sie darauf, dass Sie und Ihre Katze für die nächsten 30 Minuten versorgt sind, damit sie sich beide voll auf die zu klärende Frage konzentrieren können. Warten Sie, bis Ihre Katze Sie aufmerksam anschaut. Stellen Sie ihr dann mit ruhiger Stimme Ihre Orakelfrage (lesen Sie diese ruhig vom Blatt ab, wenn Ihnen das leichter fällt).

Beobachten Sie nun die Reaktion Ihrer Katze. Lassen Sie sich Zeit und geben Sie auch Ihrer Katze Zeit – auch Katzen müssen erst mal nachdenken, und die spontane erste Reaktion ist nicht immer die endgültige Orakelaussage.

Achten Sie darauf, ob Ihre Katze eine der folgend genannten Handlungen in den 15 bis 20 Minuten nach Ihrer Frage mehrfach wiederholt. Dies ist dann Ihre Hauptaussage. Aber auch Kombinationen aus verschiedenen Reaktionen und Aussagen sind möglich. Mit der Zeit werden Sie sehr schnell erkennen, was Ihre Katze meint und mit den Deutungsmöglichkeiten frei jonglieren. Wenn das Verhalten Ihrer Katze unklar bleibt, hat sie möglicherweise zu dem von Ihnen angesprochenen Thema nichts zu sagen. Auch dies kommt vor. Oder aber Ihre Katze ist der Meinung, Ihr Problem ist nicht so sonderlich groß, und Sie kommen gut alleine damit klar.

Im Zweifelsfalle führen Sie bitte frühestens drei Tage später ein weiteres Katzenorakel zum gleichen Thema durch. Formulieren Sie dabei, wenn möglich, Ihre Frage etwas anders, um der Katze die Möglichkeit zu geben, einen besseren Bezugspunkt zu finden.

Folgend finden Sie die traditionell überlieferten Reaktionen der Katzen sowie die zugehörigen Deutungen beschrieben. Um Ihnen die Klärung und vor allem Umsetzung des Katzenorakels zu erleichtern, finden Sie jeweils auch eine kurze beispielhafte Interpretation. Diese kann natürlich nicht allgemein gültig oder immer passend sein. Bewusst wurden die Musterinterpretationen so konkret wie nur möglich gehalten. Dadurch kann es leider dazu kommen, dass Sie auf den ersten Blick keinen Zusammenhang zwischen Ihrer Orakelfrage und der Interpretation feststellen können. Es liegt jedoch bei Ihnen, sich weit genug zu öffnen und flexibel genug zu denken, um den notwendigen Bezug herzustellen. Konzentrieren Sie sich nötigenfalls nur auf die Deutung (die zwei Worte unter dem Verhaltensmuster Ihrer Katze) und warten Sie ab, welche Inspirationen diese in Ihnen auslösen.

 ### Katze wedelt aufgeregt und schnell mit dem Schwanz

AKTIVITÄT, SCHNELLIGKEIT

Das klingt ja ganz so, als hätten Sie es auf ein Date mit einem Star abgesehen! Der Erfolg Ihres Wunsches hängt in erster Linie von Ihrer Aktivität und Eigeninitiative sowie im entscheidenden Augenblick von Ihrer Schnelligkeit ab. Dies könnte bedeuten, dass Sie zur richtigen Zeit am richtigen

Ort sein müssen, damit das gewünschte Ereignis eintreten kann, oder dass Sie sich überraschend schnell entscheiden müssen. Was auch immer aber Sie sich vorgenommen haben – es wird eine emotionale Achterbahnfahrt werden. Doch Sie haben danach nichts zu bereuen. Außer vielleicht, dass es schon vorbei ist. Aber dann bleibt Ihnen ja immer noch die Möglichkeit, das nächste Projekt in Angriff zu nehmen. Auch das wieder mit Tempo und Engagement.

 **Katze wedelt langsam
mit dem Schwanz**

AKTIVITÄT, RUHE

Sie stehen zwischen zwei Polen, die Ihnen vorerst unvereinbar scheinen (und dies möglicherweise auch sind). Müssen Sie sich zwischen dem jungen hippen Musiker und dem reichen alten Makler entscheiden? Sind Sie unsicher, ob Sie Ihrer Traumfrau einen Antrag machen oder doch noch ein paar jungen Hühnern hinterherpfeifen sollen? Als Erstes sollten Sie überlegen, ob es nicht doch einen Kompromiss gibt. Sie müssen vielleicht gar nicht alles auf eine Karte setzen. Wenn dies nicht so ist, dann bleibt Ihnen nur, sich für einen der Pole zu entscheiden! Genießen Sie die Ruhe und Abgeschiedenheit? Oder dürstet Sie danach, das Leben als eine einzige Party zu betrachten? Entscheiden Sie sich – und handeln Sie entsprechend.

Katze streckt den Schwanz
senkrecht in die Höhe

GERADLINIGKEIT, TÄUSCHUNG

Sie sind unsicher, ob Sie einem Menschen Ihr Vertrauen schenken können. Das führt jedoch auch dazu, dass Ihr eigenes Verhalten nicht mehr ganz ehrlich ist. Kehren Sie zurück zu der Ihnen eigenen Geradlinigkeit. Stellen Sie die Fragen, auf die Sie Antworten wollen. Bestehen Sie auf einem ehrlichen Gespräch. Aber Achtung: Wenn Sie von jemandem Ehrlichkeit fordern, müssen Sie selbst auch zu Ehrlichkeit bereit sein. Stellen Sie fest, wo Sie stehen, sagen Sie geradeheraus, was Sie wollen, und Sie werden die Täuschung und die Irritationen aus Ihrem Leben verbannen. Allerdings sollten Sie damit rechnen, möglicherweise nicht zu hören, was Sie gerne hören möchten. Das ist der Preis der Wahrheit, und wenn es so kommt, werden Sie langfristig dennoch dankbar sein.

 ## Katze versteckt den Schwanz
zwischen den Hinterbeinen

VERIRRUNG, LABILITÄT

Sie haben zwar das Bedürfnis nach Klarheit, sollten in der derzeitigen Situation aber keine Entscheidungen treffen. Sie würden Konsequenzen nach sich ziehen, die Sie im Augenblick nicht übersehen können und die langfristig ungewollt wären. Sie befinden sich in einem Zustand der Verirrung und Labilität. Das heißt beispielsweise, Sie fühlen sich extrem verwundbar, wissen aber nicht, warum.

Oder Sie haben das Gefühl, vollständig den Halt zu verlieren und alle Wurzeln Ihres bisherigen Lebens ausreißen zu müssen. Wenn Sie diesen Emotionen nachgeben, verschaffen Sie sich zwar kurzfristig Erleichterung, aber Sie richten mehr Schaden als Nutzen an. Die Hauptgründe für Ihre Instabilität haben nichts mit Ihrem Liebesleben zu tun. Versuchen Sie, wieder »Boden unter den Füßen« zu bekommen, nehmen Sie sich Zeit für sich selbst und Ihre Gefühle, und betrachten Sie dann erneut das aktuelle Problem. Es wird Ihnen kleiner erscheinen und leichter zu lösen sein.

Katze schmiegt den Schwanz eng an ihre linke Seite

EINDRUCK, DISSONANZ

Jemand oder etwas hat großen Eindruck auf Sie gemacht, vielleicht ein potenzieller Partner, eine wunderschöne Frau oder auch eine offensichtlich glückliche Familie. Oder aber Sie bemühen sich sehr, selbst Eindruck zu machen, zum Beispiel weil Ihre Schwiegereltern auf Besuch kommen und Sie als die perfekte Hausfrau oder der absolute Göttergatte angesehen werden wollen. Doch vergessen Sie nicht: So wichtig ein erster Eindruck auch ist – er bleibt immer an der Oberfläche. Das soll nicht heißen, das Ihr Eindruck nicht der Wahrheit entsprechen kann – es muss bloß nicht so sein. Zugleich lenkt die Beschäftigung mit diesem Thema Ihre Aufmerksamkeit auf eine bislang unbemerkt herrschende Dissonanz in Ihrem Leben. Vielleicht fühlen Sie sich von einem Kind ausgenutzt oder von Ihrem Partner nicht unterstützt? Sie sollten versuchen, dies noch präziser zu erfassen und aufzulösen. Alles Weitere folgt daraus.

 ## Katze schmiegt den Schwanz eng an ihre rechte Seite

DUMMHEIT, ALARM

Achtung, Achtung! Sie stehen ganz kurz davor, einen verhängnisvollen Fehler zu begehen. Und zwar aus Dummheit. Sie sind durchaus in der Lage, die gegebene Situation zu überblicken und einzuschätzen. Und Sie wissen ganz genau, dass das, was Sie vorhaben, riskant ist. Wollen Sie eine Affäre beginnen oder Ihrem besten Freund die Freundin ausspannen? Es gibt für (fast) alles einen richtigen Zeitpunkt – aber für Ihr Vorhaben ist er (noch) nicht gekommen. Warten Sie ab! Sie wissen das instinktiv auch selber, fühlen sich nicht so recht wohl in Ihrer Haut. Hören Sie darauf und lassen Sie vorerst die Finger von Ihrem Projekt. Dann wird sich schon bald eine Gelegenheit bieten, ohne großes Risiko etwas Ähnliches zu realisieren!

 ## Katze richtet den Schwanz auf und zuckt unruhig mit der Spitze

PLANUNG, IDEENREICHTUM

Sind Sie frisch verliebt? Aber das Opfer Ihrer Begierde erwidert Ihre Gefühle nicht beziehungsweise weiß gar nichts davon? Oder sehnen Sie sich nur nach einer Auffrischung eingeschlafener Emotionen? So oder so haben Sie die besten Chancen, wenn Sie geplant und ideenreich vorgehen. Lassen Sie sich etwas einfallen – ein romantisches Event, einen tollen Anmachspruch, ein überraschendes Geschenk. Seien Sie ruhig mutig, lassen Sie sich nicht von der »Schere im Kopf« den Spaß verderben. Doch mit Ideenreichtum allein ist es nicht getan. Nun bedarf es sorgfältiger Planung, damit Ihre Überraschung auch gelingt. Denken Sie über die Einzelheiten lieber zweimal nach – der Teufel steckt wie so oft im Detail. Aber wenn Sie sich alles gut überlegt haben, dann kann eigentlich nichts mehr schief gehen. Und Sie dürfen damit rechnen, dem Ziel Ihrer Träume erheblich näher zu kommen.

 ## Katze plustert ihren Schwanz auf

GEWICHTUNG, FREIHEIT

Ob und wann Sie den derzeitigen Konflikt lösen können, ist eine Frage des Standpunktes. Stecken Sie vielleicht gerade in einem verfahrenen Streit, bei dem keiner mehr von seinem Standpunkt abweichen will? Oder haben Sie große Schwierigkeiten mit den Ansichten Ihres Partners beziehungsweise naher Familienangehöriger? Versuchen Sie zuallererst, der Sache das angemessene Gewicht zu verleihen. Ist das Problem in Ruhe betrachtet tatsächlich so wichtig, oder handelt es sich nur um eine Mücke, die zum Elefanten wurde? Integraler Bestandteil der Lösung wird auch die Definition von Freiheit sein. Vielleicht braucht einer der Beteiligten mehr Abstand? Oder jemand fühlt sich (von Ihnen?) kontrolliert und eingeengt. Es könnte sein, dass eine ursprünglich liebevolle Geste vollkommen missverstanden wird. Kehren Sie zum Ausgangspunkt zurück und besprechen Sie das Thema (notfalls allein oder mit einem unbeteiligten Freund) noch einmal von vorn.

Katze liegt und schlägt mit dem Schwanz auf den Boden

DISSONANZ, KONTAKTE

Sie sind unzufrieden mit einer romantischen Beziehung. Nutzen Sie Ihre Kontakte (oder suchen Sie neue), um dieses Problem zu lösen. Beispielsweise könnten Sie die Angelegenheit mit einer Freundin besprechen. Oder Sie rufen eine alte Flamme an, um Ihre derzeitige Freundin eifersüchtig zu machen. Oder aber Sie gehen einfach mal alleine los – Sie werden jemanden kennen lernen, der Ihnen hilft, die Sache zu klären. Versteifen Sie sich jedoch nicht zu sehr auf ein romantisches Aufeinandertreffen. Es ist wahrscheinlicher, dass der genutzte Kontakt Ihnen hilft, die herrschende Dissonanz aus der Welt zu schaffen, als dass Sie einen neuen (und sei es auch nur zeitweiligen) Partner finden. Lösen Sie Ihr Problem; danach sind Sie frei.

Katze kommt zu Ihnen und streichelt Sie mit dem Schwanz

SPIEL, NEUANFANG

Haben Sie sich nichts mehr zu sagen? Schlafen Sie gelangweilt nebeneinander ein? Oder gehen Sie krampfhaft jedes Wochenende auf Männer-/Frauenjagd? Hetzen Sie mit

Ihrem Herzblatt durch Psychoberatungen und Freizeitun-
ternehmungen, um die drohende Langeweile in Schach zu
halten? Es ist höchste Zeit für einen spielerischen Neuanfang. Tun Sie vielleicht so, als kennten Sie sich noch nicht.
Horchen Sie in sich hinein, erkunden Sie Ihre wahren Bedürfnisse. Einfach mal wieder laut lachen, Unfug treiben?
Na los! Befragen Sie Ihren Partner, halten Sie nichts für
selbstverständlich. Nehmen Sie so wenig wie möglich ernst
und tragisch. Wenn Ihnen das schwer fällt, setzen Sie sich
eine zeitliche Grenze – eine Woche Spiel und Spaß, danach
lassen sich Probleme wieder viel leichter bewältigen!

 **Katze kitzelt Sie mit
dem Schwanz im Gesicht**

ORIGINALITÄT, WOHLSTAND

Sie sind eigenständig und originell. Auch wenn diese Ei-
genschaften Ihnen oft Schwierigkeiten einbringen, so sollten Sie dennoch bleiben, wie Sie sind. Langfristig fühlen
Sie sich so am wohlsten. Dies führt auch zu emotionalem
Wohlstand, auch wenn Ihnen das derzeit fast unmöglich
erscheint. Wahrscheinlich stecken Sie gerade in einer
Klemme, in der jemand größere Normalität und Ange-
passtheit von Ihnen fordert. Geben Sie nicht nach, erklären
Sie Ihre Position. Aber nur, wenn es auch wirklich um die
Sache geht und Sie nicht bloß einen Stellvertreterkrieg
führen. Vertrauen Sie auf das Leben. Es könnte durchaus
sein, dass Sie diesmal den Kürzeren ziehen, aber schon
bald werden Sie glücklicher sein als zuvor.

Katze legt sich hin und ringelt ihren Schwanz um sich herum

WAHRHEIT, INTUITION

Was Sie fühlen, entspricht der Wahrheit, sei es gut oder schlecht. Sind Sie bis über beide Ohren verliebt, wollen Sie gar einen Heiratsantrag machen? Oder stecken Sie etwa in einer stinkigen Beziehung und wollen endlich Schluss machen? Haben Sie Mut, folgen Sie Ihrer Intuition! Was immer Ihr Herz Ihnen rät, es hat Substanz und wird sich als korrekt erweisen. Wie so oft sprechen zahllose Argumente gegen Ihr Handeln (sei es romantisch-positiv oder aber auf eine Trennung ausgerichtet), doch davon sollten Sie sich nicht beirren lassen. Tun Sie, was Sie für richtig halten, dann wird alles andere sich entsprechend anpassen. Rückblickend werden Sie bereits in sechs bis neun Monaten feststellen, wie gut die Entscheidung Ihnen getan hat, und Sie werden kaum mehr nachvollziehen können, wieso Sie je zweifelten.

 ### Katze legt sich hin und verbirgt ihren Schwanz unter ihrem Körper

NACHDENKLICHKEIT, OPTIMISMUS

Sie stellen gerade vieles in Frage, was Ihnen lange Zeit selbstverständlich erschien. Seien Sie nicht zu kritisch mit sich und anderen. Wir sind alle nur Menschen. Sie sollten sich auch nicht gleich gegen etwas entscheiden, was Ihnen missfällt – versuchen Sie zuerst, eine Veränderung zu be-

wirken. Auch wenn Sie dies für aussichtslos halten oder es sogar früher schon einmal versucht haben, lohnt sich eine weitere Initiative. Grundsätzlich dürfen Sie die Lage mit Optimismus betrachten: Was einige Zeit ungeklärt war, löst sich jetzt von ganz allein in Wohlgefallen auf. Auch die Schwierigkeiten, die Ihnen jetzt als beinahe allumfassend erscheinen, sind so groß nicht und lassen sich mit überschaubarem Aufwand bereinigen und zum Besseren wenden. Insbesondere sollten Sie aufgrund Ihrer kurzfristigen Frustration und kritischen Grundhaltung einem langjährigen Partner nicht mit Liebesentzug drohen, auch wenn Ihnen dies angemessen erscheint.

 Katze versteckt sich (zum Beispiel unter einem Möbelstück oder einer Decke), sodass nur noch der Schwanz sichtbar bleibt

KÖRPERLICHKEIT, HELLIGKEIT

Was die Liebe angeht, so sollten Sie größeren Wert als bisher auf körperliche Aspekte legen. Dies könnte heißen, dass Sie Ihr Sexualleben verbessern oder optimieren. Aber auch, dass Sie endlich einmal wieder zum Sport gehen, um nicht eines Tages als unansehnlicher Haufen mit dem Feuerwehrkran aus dem eigenen Bett gehievt zu werden. Als Grundsatz können Sie sich vergegenwärtigen, dass Sie bereit sein sollten, sich (wieder) dem Licht zu stellen. Wie lange ist es her, dass Sie einen Bikini/eine Badehose anhatten? Wie lange ist es her, dass Ihr Partner/Ihre Partnerin/fremde Frauen und Männer Ihnen bewundernd hinterhergestarrt haben? Liebe entsteht nicht nur im Kopf, sondern auch im Körper. Arbeiten Sie daran. Das wird Ihnen helfen, ein gestecktes Ziel zu erreichen.

 Katze versteckt sich (zum Beispiel unter einem Möbelstück oder einer Decke), sodass der Schwanz nicht sichtbar bleibt

KARRIERE, ERFRISCHUNG

Sie sind in der glücklichen Lage, Karriere und Liebe miteinander verbinden zu können. Die Vorstellung macht Ihnen zwar vielleicht jetzt gerade Sorgen, aber die können Sie getrost vergessen. Im Gegenteil: Ihre beruflichen Interessen und Ambitionen werden Ihrem Liebesleben vermutlich sogar einen Kick geben. Sei es, weil Sie sich besser und erfolgreicher fühlen, was Sie auch ausstrahlen. Sei es, weil Ihr Partner/Ihre Partnerin mehr Freiraum erhält, den er/sie bald schon genießen und nutzen wird. Oder auch, weil Sie im Job so viele spannende und interessante Dinge erleben, von denen Sie amüsant und unterhaltsam zu berichten wissen. Nicht zuletzt von Vorteil: das zusätzliche Einkommen. Also keine Sorgen und frisch ans Werk!

 Katze balanciert (zum Beispiel auf einer Sofalehne) und nutzt dabei ihren Schwanz als »Balancierstange«

BERECHNUNG, ENERGIE

Machen Sie jetzt keinen Fehler. Entweder haben Sie bislang einfach alles geschehen lassen. Dann sollten sie unbedingt baldmöglichst die nötigen Überlegungen anstellen und et-

was tun. Oder aber Sie haben in einer bestimmten Angelegenheit alles bis ins Letzte durchgeplant. Dann sollten Sie
nun loslassen und abwarten, was dabei herauskommt. Es
ist erstaunlich, wie viel Energie Sie bereits in dieses Projekt
(vielleicht handelt es sich um eine Affäre?) gesteckt haben.
Dennoch wird das noch nicht das Ende gewesen sein – Sie
werden noch einige Kraft aufwenden müssen, um an Ihr Ziel
zu gelangen. Tipp: Seien Sie auf keinen Fall zu berechnend,
folgen Sie eher Ihren Emotionen als Ihrem Verstand.

Katze jagt ihren eigenen Schwanz
linksherum (gegen den Uhrzeigersinn)

VERLÄSSLICHKEIT, STRENGE

Nicht immer ist in Liebesdingen alles eitel Sonnenschein.
Und auch mit Romantik kommen wir manchmal einfach
nicht weiter. Jetzt ist der Augenblick gekommen, den Sie
immer fürchteten. Aber wenn Sie nun ausweichen, wird
alles wieder von vorne beginnen. Sie müssen in der gege-
benen Situation Verlässlichkeit und sogar ein wenig Strenge zeigen. Das heißt nicht, dass Sie die neunschwänzige
Katze herausholen und Ihrer Freundin eine Tracht Prügel
verpassen. Sie müssen einfach nur verbindlicher und kla-
rer auftreten. Ihnen erscheint das möglicherweise unnötig,
aber bei Ihrem Partner (oder vielleicht auch einem Ihrer
Kinder!) bestehen einige Unklarheiten. Lassen Sie sich
nicht übervorteilen; verteidigen Sie, was Ihnen wichtig ist.
Rechnen Sie damit, dass diese Phase etwa acht Wochen
dauert, danach werden Sie eine neue Ebene des Vertrau-
ens erreicht haben.

Katze jagt ihren eigenen Schwanz rechtsherum (im Uhrzeigersinn)

LEIDENSCHAFT, STILLE

Verfolgen Sie Ihre romantischen Ziele mit Leidenschaft. Wenn Sie jemanden lieben, sagen (oder schreiben) Sie es! Wenn Ihnen danach ist, rote Rosen zu verschenken, tun Sie es noch heute. Liebe bezieht sich nicht nur auf Partnerin oder Partner, sondern auch auf Kinder, Eltern, enge Freunde. Lassen Sie diese an Ihren tiefen Gefühlen teilhaben. Sie müssen sich keineswegs schämen oder genieren. Sorgen Sie aber andererseits auch dafür, dass ein wenig mehr Stille in Ihr Leben einkehrt; teilen Sie diese vielleicht mit einem (aber jeweils wirklich auch höchstens einem!) geliebten Menschen. Schalten Sie Radio und TV ab, setzen Sie sich wenn möglich in die Sonne, vielleicht in einen Park. Lassen Sie die letzten Tage und Wochen Revue passieren. Sie werden erstaunt sein, welche großen Gefühle in Ihnen aufbranden. Genießen Sie sie. Und teilen Sie sie, sofern dies möglich und angemessen ist.

 ## Katze jagt ihren eigenen Schwanz in wechselnde Richtungen

IDEENREICHTUM, ORIENTIERUNGSLOSIGKEIT

Sie haben jede Menge Ideen, verlieben sich jede Woche in jemand (oder etwas) anderes. Zugleich leiden Sie jedoch auch an dieser inneren Orientierungslosigkeit. Machen Sie aus der Not eine Tugend. Setzen Sie gezielt die besten Ihrer Ideen um. Verfolgen Sie eine Romanze. Flirten und lächeln

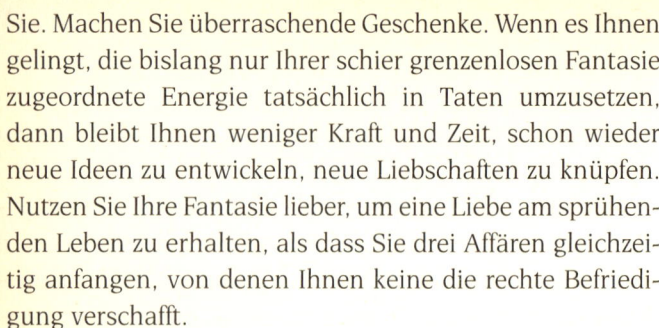

Sie. Machen Sie überraschende Geschenke. Wenn es Ihnen gelingt, die bislang nur Ihrer schier grenzenlosen Fantasie zugeordnete Energie tatsächlich in Taten umzusetzen, dann bleibt Ihnen weniger Kraft und Zeit, schon wieder neue Ideen zu entwickeln, neue Liebschaften zu knüpfen. Nutzen Sie Ihre Fantasie lieber, um eine Liebe am sprühenden Leben zu erhalten, als dass Sie drei Affären gleichzeitig anfangen, von denen Ihnen keine die rechte Befriedigung verschafft.

Geld

Geld regiert die Welt. Und leider hat man fast immer zu wenig davon.

Materielle Fragen interessieren Katzen nur mäßig – ihnen ist der Preis einer Dose Whiskas nicht bewusst, und bei Ebbe in der Kasse würden sie sich eben ein paar Mäuse fangen. Andererseits kommen Katzen daher viel schneller den oft zugrunde liegenden Problemen wie Verschwendungssucht und überhöhten Erwartungen auf die Spur.

Was finanzielle Dinge angeht, kommt es vor allem auf die Ohren und die Mimik der Katze an.

Das große Thema »Geld«

Meist handelt es sich bei Geldproblemen um Mangelverwaltung – zu wenig Geld, zu viel zu kaufen! Oder aber Sie haben genug Geld, sind aber unsicher, was genau Sie nun damit anstellen sollen (sofern Sie nicht so viel Geld haben, dass Ihnen das egal sein kann). Etwas genauer aber müssen Sie Ihre Frage schon noch formulieren. Insbesondere konkrete Investmententscheidungen lassen sich übrigens erfahrungsgemäß außerordentlich gut mit Katzenhilfe treffen, da Katzen vollkommen wertneutral und unemotional entscheiden!

● Wie soll ich mein Erspartes anlegen – sicher (Sparbuch), ertragreicher (Fonds) oder risikoreich (Aktien)?

● Ich habe auf einem Webboard von einer neuen Firma gelesen, was ist davon zu halten?

● Soll ich in einen geschlossenen Immobilienfonds investieren?

● Ich verdiene zu wenig und arbeite zu viel, was kann ich dagegen tun?

● Die Bank gibt mir kein Geld mehr, was kann ich tun, um einen Bankrott abzuwenden?

● Soll ich meiner Freundin/meinem Partner Geld leihen?

● Braucht mein Sohn wirklich mehr Taschengeld, oder kann er sich das neue Nintendo-Spiel auch erjobben?

● Wie zahle ich am schnellsten meinen Kredit ab?

● Kann ich mir eine teure Urlaubsreise leisten?

● Was muss ich tun, um mehr zu verdienen?

Je konkreter Sie Ihre Frage formulieren, desto leichter wird es Ihrer Katze fallen, das kollektive Unterbewusste anzusprechen und die notwendigen Informationen abzurufen. Nennen Sie also ruhig Summen oder Namen – der superheiße Börsentipp und Ihr mickriges Gehalt sind bei dem kuscheligen Stubentiger sicher aufgehoben!

Durchführung und Deutung des Orakels

Formulieren Sie also Ihre Orakelfrage. Nehmen Sie sich Zeit dafür. Schreiben Sie die Frage auf, um nachher nicht die Frage einer unerwarteten Deutung anzupassen. Begeben Sie sich mit Ihrer Katze in das Orakelzimmer oder einen anderen Raum, in dem sie ungestört sind. Achten Sie darauf, dass Sie und Ihre Katze für die nächsten 30 Minuten versorgt sind, damit sie sich beide voll auf die zu klärende Frage konzentrieren können. Warten Sie, bis Ihre Katze Sie aufmerksam anschaut. Stellen Sie ihr dann mit ruhiger Stimme Ihre Orakelfrage (lesen Sie diese ruhig vom Blatt ab, wenn Ihnen das leichter fällt).

Beobachten Sie nun die Reaktion Ihrer Katze. Lassen Sie sich Zeit und geben Sie auch Ihrer Katze Zeit – auch Katzen müssen erst mal nachdenken, und die spontane erste Reaktion ist nicht immer die endgültige Orakelaussage.

Achten Sie darauf, ob Ihre Katze eine der folgend genannten Handlungen in den 15 bis 20 Minuten nach Ihrer Frage mehrfach wiederholt. Dies ist dann Ihre Hauptaussage. Aber auch Kombinationen aus verschiedenen Reaktionen und Aussagen sind möglich. Mit der Zeit werden Sie sehr schnell erkennen, was Ihre Katze meint und mit den Deutungsmöglichkeiten frei jonglieren. Wenn das Verhalten Ihrer Katze unklar bleibt, hat sie möglicherweise zu dem von Ihnen angesprochenen Thema nichts zu sagen. Auch dies kommt vor. Oder aber Ihre Katze ist der Meinung, Ihr Problem ist nicht so sonderlich groß, und Sie kommen gut alleine damit klar.

Im Zweifelsfalle führen Sie bitte frühestens drei Tage später ein weiteres Katzenorakel zum gleichen Thema durch.

Formulieren Sie dabei, wenn möglich, Ihre Frage etwas anders, um der Katze die Möglichkeit zu geben, einen besseren Bezugspunkt zu finden.

Folgend finden Sie die traditionell überlieferten Reaktionen der Katzen sowie die zugehörigen Deutungen beschrieben. Um Ihnen die Klärung und vor allem Umsetzung des Katzenorakels zu erleichtern, finden Sie jeweils auch eine kurze beispielhafte Interpretation. Diese kann natürlich nicht allgemein gültig oder immer passend sein. Bewusst wurden die Musterinterpretationen so konkret wie nur möglich gehalten. Dadurch kann es leider dazu kommen, dass Sie auf den ersten Blick keinen Zusammenhang zwischen Ihrer Orakelfrage und der Interpretation feststellen können. Es liegt jedoch bei Ihnen, sich weit genug zu öffnen und flexibel genug zu denken, um den notwendigen Bezug herzustellen. Konzentrieren Sie sich nötigenfalls nur auf die Deutung (die zwei Worte unter dem Verhaltensmuster Ihrer Katze) und warten Sie ab, welche Inspirationen diese in Ihnen auslösen.

 Katze richtet die Ohren in Ihre Richtung (nach vorne) auf

Ordnung, Freude

Gerade in finanziellen Dingen ist eine gewisse Ordnung unerlässlich. Das mag Ihnen spießig oder langweilig vorkommen, ist aber der sicherste Weg zum Erfolg. In Ihrem speziellen Falle sollten Sie erst recht nicht von diesem Rezept abweichen, um die Freuden finanzieller Sicherheit zu erfahren. Wollten Sie nicht schon lange Ordnung in Ih-

re finanziellen Angelegenheiten bringen? Endlich einmal die schlechten Aktien verkaufen und auf solide Fonds umsteigen? Oder sich auch nur eine Übersicht Ihrer Einnahmen und Ausgaben verschaffen, um die allmonatliche Minusdifferenz in den Griff zu kriegen? Vielleicht sollten Sie auch einfach nur Ihre Unterlagen ordnen und durchsehen – es kann gut sein, dass Sie bei dieser Gelegenheit positiv überrascht werden (zum Beispiel durch die Wiederentdeckung eines Sparbuches, an das Sie sich gar nicht mehr erinnerten). Auf jeden Fall können Sie davon ausgehen, dass Ihre finanziellen Angelegenheiten mit recht geringem Aufwand erkennbar positiv zu beeinflussen sind. Gehen Sie aber in jedem Fall systematisch vor!

 ## Katze richtet die Ohren in die von Ihnen abgewandte Richtung (nach hinten) auf

SANFTHEIT, MELANCHOLIE

Ihnen gehen schnell einmal die Pferde durch. Sie wollen schnell viel Geld, dazu gehen Sie auch höhere Risiken ein. Dieses Vorgehen hat sich allerdings bislang nicht ausgezahlt. Verändern Sie Ihre Position, Ihre Ziele. Gehen Sie sanfter und vorsichtiger vor. Geld ist wichtig – aber Geld ist nicht alles. Es gibt wichtigere – oder zumindest ebenso wichtige – Dinge im Leben. Mit einer gewissen Melancholie werden Sie an das »Lehrgeld« zurückdenken, das Sie für diese Lektion zahlen mussten oder möglicherweise noch zahlen müssen. Aber auch diese Verluste gehören ganz selbstverständlich mit zu Ihrem Leben, Ihren Erfahrungen.

Weinen Sie dem Geld nicht hinterher. Aber lernen Sie aus den Geschehnissen, verändern Sie Ihre Investmentstrategie. Gehen Sie vorsichtiger zu Werke, suchen Sie sich andere – »wertvollere« – Ziele im Leben.

 Katze setzt sich mit dem Rücken zu Ihnen, dreht dann aber die Ohren nach hinten (in Ihre Richtung)

AGGRESSIVITÄT, ILLUSION

Vorsicht! Sie verfolgen mit hoher Aggressivität das falsche Ziel. Vielleicht haben Sie sehr viel Geld in eine Firma investiert, die »garantiert riesige Gewinne« machen wird. Oder Sie denken darüber nach, einen ungeliebten Job anzunehmen, der extrem gut bezahlt wird. Lassen Sie sich nicht blenden. Im Augenblick vertrauen Sie auf eine Illusion. Klären Sie gründlich, wie handfest und überprüfbar die Angaben sind, auf die Sie bislang Ihre Entscheidung stützten. Holen Sie Infos direkt bei der fraglichen Firma ein, sprechen Sie mit möglichen zukünftigen Kollegen, überdenken Sie die Wichtigkeit finanzieller Argumente für Ihre Entscheidungsfindung. Zumindest aber sollten Sie versuchen, Ihr Ziel nicht mehr so absolut und aggressiv zu verfolgen; auf lange Sicht sind Sie mit erhöhter Diversifikation und einer etwas weniger offensiven Herangehensweise besser bedient.

Katze wackelt einmal mit den Ohren

FREIHEIT, GROSSZÜGIGKEIT

Sie werden in Kürze finanzielle Freiheit erlangen oder haben dies schon. Bedanken Sie sich bei Ihrem wohlwollenden Schicksal mit Großzügigkeit anderen gegenüber, mit denen das Leben es vielleicht nicht so gut gemeint hat. Unterstützen Sie Not leidende Verwandte, spenden Sie einem gemeinnützigen Verein. Freiheit in Gelddingen bedeutet keineswegs Verantwortungslosigkeit, im Gegenteil: Besitz verpflichtet! Umgekehrt werden auch Sie unerwartet die Großzügigkeit anderer erfahren – ein Erlebnis, das letztlich sogar zum Erreichen Ihrer finanziellen Ziele beiträgt, obwohl dies im ersten Augenblick nicht erkennbar ist. Geld symbolisiert nur das Fließen von Energie zwischen den Menschen – also nutzen Sie Ihre finanziellen Mittel, um Gutes zu tun, statt den Energiefluss zu blockieren, indem Sie das Geld auf ein starres Sparbuch legen. Es wird Ihnen vergolten werden, und zugleich werden Ihre Mittel nicht abnehmen.

 ### Katze wackelt mehrfach mit den Ohren

LÜGE, STREBEN

In Gelddingen sind Sie nicht unbedingt vertrauenswürdig. Mehr als einmal haben Sie sich größere Summen erschwindelt, und auch wenn Sie diese meist zurückzahlen konnten, bleibt doch ein etwas schaler Nachgeschmack.

Im Gegenzug sind aber auch Sie auf die Lügen anderer hereingefallen und haben dabei herbe Verluste einstecken müssen. Das berechtigt Sie aber noch lange nicht, selbst so zu agieren. Verbannen Sie Unwahrheiten aus Ihrem Leben, insbesondere was die Finanzen angeht. Streben Sie nach Ehrlichkeit. Es wird Sie anfangs sehr viel Kraft und Energie kosten, aber schon bald werden sich neue und vollkommen unerwartete Möglichkeiten zeigen, die Ihnen große Profite verschaffen können. Widerstehen Sie in diesem Moment der Versuchung, die Gewinne mit Ihren erprobten Tricks zu maximieren – es würde sich nur gegen Sie richten! Behalten Sie Ihre neue, ehrliche Linie bei. Sie werden merken, dass Ihre Geschäftspartner Ihnen schnell größeren Respekt und ein erstaunliches Vertrauen entgegenbringen, das Ihnen aufgrund präziser Informationen einige schnelle Gewinnmitnahmen erlaubt. Revanchieren Sie sich; teilen Sie bei Gelegenheit auch Ihr Wissen – es wird Ihr Schaden nicht sein.

 Katze legt die Ohren flach an den Kopf an

Starrsinn, Klarheit

Starrsinn hat Vor- und Nachteile. Möglicherweise mangelt es Ihnen an Motivation und Ambition, eine längst fällige finanzielle Entscheidung zu treffen, eine Gehaltserhöhung zu fordern, einen Sparplan einzurichten (und einzuhalten). Oder aber Sie haben sich auf eine bestimmte Auffassung beziehungsweise Vorgehensweise (zum Beispiel ein bestimmtes Investment) versteift und können von dieser nicht lassen, obwohl zahlreiche Argumente dagegen sprechen. Verschaffen Sie sich zuerst Klarheit über Ihre Situation. Wo stehen Sie? Was wollen Sie erreichen? Wie lauten Ihre Ziele? Welche Maßnahmen werden Ihnen bei deren Erreichung dienlich sein? Wie können Sie diese Maßnahmen initiieren? Welche Veränderungen sind erforderlich, sei es bei Ihnen, sei es bei anderen? Erst nachdem Sie diese Erkenntnisse schriftlich fixiert haben, können Sie beginnen, Ihren Starrsinn entweder gezielt zu entkräften (wenn er Sie daran hindert, notwendige Entscheidungen zu treffen oder umzusetzen) oder aber gezielt zu stärken, um wichtige Veränderungen zu forcieren.

Katze hebt und senkt die Ohren

FLEXIBILITÄT, LANGEWEILE

Sie haben finanziell keine größeren Probleme, aber auch keine großen Ziele. Es herrscht in Gelddingen beinahe so etwas wie Langeweile in Ihrem Leben. Das muss nicht schlecht sein – wenn Sie tatsächlich zufrieden sind. Oft verbirgt sich hinter der scheinbaren Zufriedenheit aber auch Resignation. Sie werden eben nie Ihren Traumwagen fahren, in die Karibik fliegen, Ihrer Freundin die Brustvergrößerung bezahlen können? Sie beschränken sich selbst durch diese Ansichten. Mit etwas größerer Flexibilität in Gelddingen wäre es für Sie eine Kleinigkeit, Ihre Wünsche wahr werden zu lassen. Sie haben die Möglichkeit, entweder Ihre Ausgaben einfallsreich zu reduzieren, Ihre Einnahmen durch kreative Nebenjobs aufzustocken oder Ihre Geldanlage offensiv zu optimieren. Gehen Sie neue Wege, wenn Sie Lust dazu haben – es wird Ihnen Spaß machen und den leichten Staubfilm aus Ihrem Leben blasen.

Ohrenspitzen der Katze beginnen zu zittern

AUFMERKSAMKEIT, BERECHNUNG

Schenken Sie dem von Ihnen angesprochenen Problem die Aufmerksamkeit, die ihm gebührt. Lassen Sie sich nicht davon irritieren, dass andere Ihre Frage als unwichtig abtun. Hüten Sie sich jedoch davor, aufgrund der analytischen Ergebnisse Berechnungen anzustellen und Erwartungen zu entwickeln. Die Situation scheint zwar stabil, wird sich jedoch rasch und unerwartet ändern. Genau deswegen ist es hilfreich, wenn Sie den Fragenkomplex jetzt durchdringen – Sie werden dann vorbereitet sein auf das, was geschehen wird. Dies ermöglicht Ihnen, Ihre Ziele zu realisieren, auch wenn die Zweifler von heute dies kaum für möglich halten werden. Hören Sie auf Ihre innere Stimme und folgen Sie Ihrer Intuition. Erwarten Sie jedoch nicht, daraus verbindliche oder gar allgemeingültige Schlüsse ableiten zu können.

Katze kneift die Augen zusammen und öffnet sie wieder weit

NACHDENKLICHKEIT, EINDRUCK

Die Einschätzung Ihrer finanziellen Situation erfordert mehr Nachdenken, als auf den ersten Blick notwendig erscheint. Vielleicht erwägen Sie, ein extrem risikoreiches Investment zu tätigen, oder Sie wollen eine unbezahlte Auszeit in Ihrem Beruf nehmen, um Ihren privaten Interessen nachzugehen. Die Idee, die Sie verfolgen, ist an sich viel versprechend, sollte aber bedacht und besonnen umgesetzt werden. Dann wird sie jedoch langfristig sowohl Ihre Sichtweise der Welt prägen als auch den Eindruck, den Sie auf andere machen. Überschätzen Sie Ihre Fähigkeiten nicht, planen Sie lieber etwas gründlicher, als es sonst Ihre Art ist. Sie werden sehen, dass sich rechtzeitig investierte Zeit schnell amortisiert, da Sie in kritischen Situationen die richtigen Entscheidungen treffen können.

 ## Katze reißt die Augen weit auf und schaut Sie unverwandt an

OFFENHEIT, FREUDE

Geldangelegenheiten behandeln Sie offensiv und gut gelaunt – oder sollten dies zumindest. Sie haben eigentlich keinen Grund zur Sorge. Sprechen Sie das Thema, das Sie beschäftigt, offen an, dann werden Sie eine befriedigende Antwort erhalten. Es könnte sein, dass Sie die Verwaltung Ihrer Finanzen etwas zu ernst nehmen – gewöhnen Sie sich an, Ihre Geldreserven mit Freude zu betrachten. Vergegenwärtigen

Sie sich, was Sie mit dem Geld alles anfangen könnten. Verdeutlichen Sie sich die Freiheit und Sicherheit, die Sie empfinden. Wenn Sie mit den Emotionen nicht zufrieden sind, optimieren Sie Ihre Finanzen, bis Sie sie entspannt und fröhlich behandeln können. Dies sollte Ihnen leicht gelingen.

 Katze schaut Sie mit sehr schmalen Pupillen an

HELLIGKEIT, KREATIVITÄT

Sie haben vielleicht das Gefühl, Bescheid zu wissen und informierte Entscheidungen zu treffen. Doch dabei übersehen Sie – im wahrsten Sinne des Wortes – viele Feinheiten. Es ist beinahe so, als stünden Sie in gleißender Helligkeit. Nichts bleibt verborgen in der Dämmerung – aber in diesem Fall ist es so hell, dass Sie vor lauter Licht kaum mehr etwas erkennen können. Sie nehmen oft nur noch Umrisse, »schwarz und weiß« wahr. Damit fahren Sie zwar nicht schlecht. Aber mit etwas kreativem Einsatz wird es Ihnen gelingen, mehr Details zu entdecken. Vergleichen Sie das mit dem Aufsetzen einer Sonnenbrille. Seien Sie nicht zu stolz, um Ihre Sicht zu ändern. Nutzen Sie die Chancen, die größeres Detailwissen mit sich bringt. Und machen Sie sich keine Sorgen: Sie sind nicht der Typ, der versehentlich »das große Ganze« aus den Augen verliert. Sie müssen sich nicht bemühen, den Überblick zu behalten, den haben Sie sowieso. Aber es wird Ihnen viel leichter fallen, kurz- und mittelfristige Entwicklungen einzuschätzen.

Katze schaut Sie mit großen schwarzen Knopfaugen (erweiterte Pupillen) an

UNGEDULD, SOLIDITÄT

Schnell soll es gehen, aber das können Sie sich gleich abschminken. Sie wollen Reichtum sofort, arbeiten können Sie (vielleicht) später. Sie setzen auf den Lottogewinn, den Aktienhit, die Riesenerbschaft, die überraschende Megabeförderung. Doch so kommen Sie nicht weiter, und das frustriert Sie. Verabschieden Sie sich von Ihrer Ungeduld. Lernen Sie zuerst einmal, nicht von der Hoffnung auf ein besseres, reicheres Morgen zu leben, sondern zufrieden mit dem auszukommen, was Ihnen heute zur Verfügung steht. Wenn Sie (wie bisher) zu viele Wünsche und zu wenig Geld haben, nehmen Sie die notwendigen Änderungen vor, statt wieder einmal Ihren Dispo zu strapazieren, bis die Karte nicht mehr aus dem Automaten kommt. Reduzieren Sie Ihre Ausgaben und überdenken Sie Ihre »Bedürfnisse« kritisch – ist davon nicht doch vieles überflüssig? Suchen Sie sich notfalls eine nebenberufliche Tätigkeit, um das nötige Geld zu verdienen. Erst wenn Sie diese Stabilität erreicht haben, planen Sie Ihre finanzielle Zukunft, die Sie möglichst solide ausrichten sollten. Lieber weniger haben als für immer auf viel nur hoffen!

Katze kneift die Augen zu schmalen Schlitzen zusammen

Zufriedenheit, Beschränkung

Was wollen Sie? Mehrmehrmehr? Wieso denn, bitte? Sie haben, was Sie brauchen. Muss es wirklich eine nagelneue Harley, ein All-inclusive-Urlaub in Mexiko oder eine Villa sein? Sie können weiter versuchen, solchen Träumen nachzujagen und sich für schnöden Mammon krumm zu machen. Besser aber wäre es, Sie üben sich in Zufriedenheit und der Beschränkung auf das Wesentliche. Das heißt natürlich nicht, dass Sie knapp oberhalb der Armutsgrenze dahinvegetieren sollen. Aber vieles, was Ihnen gerade als essenziell und lebensnotwendig erscheint, ist keinesfalls so wichtig. Sie werfen das Geld mit vollen Händen heraus und haben genau deswegen immer zuwenig. Daran wird sich auch nichts ändern, bis Sie erkennen, dass Sie eigentlich schon alles besitzen, was Sie brauchen. Diese Erkenntnis wird nicht leicht sein, streckenweise sogar schmerzhaft. Aber wenn es erst einmal soweit ist, werden Sie schlagartig zufriedener sein, weil eine große Angst entschwindet.

 ## Katze scheint zu lächeln

Ruhe, Distanz

Sie machen sich um finanzielle Dinge größere Sorgen, als Sie sich eingestehen. Auch wenn Sie selbst glauben, mit Geld ganz locker umzugehen, entspricht dies nicht der

Wahrheit. Dabei hätten Sie allen Grund, sich zu entspannen. Lernen Sie, auch und gerade in kritischen Momenten die Ruhe zu bewahren. Verschaffen Sie sich eine größere innere Distanz zu Geldangelegenheiten. Sie haben Ihr Bestes getan – nun müssen Sie abwarten, bis die Früchte zu ernten sind. Um ein größeres Vertrauen in Ihre eigenen Entscheidungen zu entwickeln, sollten Sie sich bewusst Auszeiten nehmen, in denen Sie keinerlei finanzielle Entscheidungen treffen, und wenn es Sie auch noch so juckt. Sie werden sehen: Das Ergebnis übertrifft (bei guter Vorbereitung) Ihre kühnsten Erwartungen! Tricksen Sie sich nicht selbst aus, indem Sie das Experiment abrupt starten oder schlecht vorbereiten (zum Beispiel indem Sie kurz vorher einige Aktienkäufe tätigen, die ständige Kontrolle erfordern). Wenn es Ihnen gelingt, Abstand und Ruhe in Ihre Geldangelegenheiten einkehren zu lassen, werden Sie bei relativ geringem Einsatz größere Gewinne realisieren können.

 ### Katze reißt das Maul auf, streckt für einen Moment die Zunge heraus

Wahrnehmung, Diskussion

Bitte betrachten Sie Ihre Orakelfrage noch einmal genauer. Sind Sie ganz sicher, dass es sich dabei tatsächlich um ein Problem handelt und nicht nur um eine Frage der Sichtweise? Unter Umständen könnte ein gutes und vor allem ehrliches Gespräch mit Freunden Ihnen helfen, den Kern der Situation besser einzuschätzen. Vielleicht liegt ein Grund für die von Ihnen empfundenen Schwierigkeiten aber auch in der Wahrnehmung anderer – nerven Sie Ihre

Umwelt durch protziges Zurschaustellen Ihres Reichtums oder jammern Sie ständig, dass Sie zu wenig Geld haben? Auch in diesem Fall kann ein konstruktives, vielleicht sogar kontroverses Gespräch Ihnen helfen, die Sache geradezurücken. In jedem Fall sollten Sie versuchen, künftige Probleme gleich im Keim zu ersticken, indem Sie stets darauf achten, ob sich Wahrnehmung und Wirklichkeit decken.

 Katze schiebt bei geschlossenem Maul die Zungenspitze hervor

ABWEHR, SANFTHEIT

Ihre Reaktionen sind oft von heftiger Abwehr geprägt. Sie wittern hinter jedem guten Rat eine Betrugsabsicht, hinter jeder interessierten Frage den Neid des Fragenden. Damit haben Sie sicher auch oft Recht. Doch andererseits verscherzen Sie sich durch Ihre brüske Reaktion auch viele Sympathien – und verpassen manch echte Chance ungenutzt. Natürlich will Ihre Hausbank Ihnen die Fonds mit der höchsten Provision verkaufen. Natürlich ist bei Tipps auf Chatboards Vorsicht geboten. Aber Ihre konstante Abwehr lähmt Sie. Legen Sie sich eine größere Sanftheit zu, unterstellen Sie Ihren Gesprächspartnern nicht immer nur Inkompetenz und Ignoranz. Sie werden sehen, wie schnell Sie lernen, die Spreu vom Weizen zu trennen, die guten Angebote zu Geld zu machen und die schlechten auf eine freundlichere Art als bisher abzulehnen.

 ### Katze legt ihre Schnurrbarthaare an

DISSONANZ, NEID

Entweder haben Sie in den Augen Ihrer Umwelt zu viel Geld, auf das andere neidisch sind. Oder Sie haben das Gefühl, zu wenig zu besitzen und sind Ihrerseits neidisch auf andere (vielleicht auch Fremde), die reicher sind als Sie. So oder so sorgt der herrschende Neid für eine stetige unterschwellige Dissonanz. Versuchen Sie, die unguten Gefühle abzubauen. Teilen Sie, was Sie haben, oder stellen Sie es wenigstens nicht mehr so offensiv zur Schau. Sie müssen nicht angeben, um Ihren Besitz zu genießen! Wenn Sie jedoch der Meinung sind, unverdient zu arm zu sein, so sollten Sie überlegen, worin die Ursachen dafür bestehen. Handelt es sich wirklich um finanzielle Fragen, oder geht es nicht in Wahrheit um emotionale Armut? Vielleicht fühlen Sie sich auch nur ausgegrenzt? Neid aber ist – so verständlich er sein mag – keine Lösung, sondern frustriert nur alle Beteiligten, am meisten Sie selbst. Fragen Sie sich, ob Sie wirklich brauchen, was Sie sich wünschen. Wenn die Antwort positiv ausfällt, sollten Sie sich auf eines (und wirklich nur ein einziges!) Ihrer Ziele konzentrieren und alles daransetzen, es wahr werden zu lassen.

 ## Katze spreizt ihre Schnurrbarthaare seitwärts ab

ILLUSION, INTOLERANZ

Geld und was man dafür kaufen kann sind oft nur ein schöner Schein. Sie halten diese Illusion jedoch für wahr. Daraus folgt eine gewisse Intoleranz – einerseits denen gegenüber, die Ihre Sichtweise nicht teilen, andererseits aber auch Ihnen selbst gegenüber. Nicht jeder, der ohne Ferrari zum Einkaufen fährt, ist eine arme Sau – aber Sie sind auch kein schweinischer kapitalistischer Ausbeuter, nur weil Sie Geld und die zugehörige Macht leidenschaftlich lieben. Versuchen Sie, sich von der Illusion frei zu machen, Ihr Reichtum würde Sie zu einem besseren oder auch nur anderen Menschen machen. Auch Könige müssen aufs Klo, und sie haben sogar manchmal Durchfall. Wenn Sie erst einmal den Eindruck hinter sich gelassen haben, das Allerwichtigste im Leben sei Geld, Geld und noch mal Geld, dann wird es plötzlich auch anderen leichter fallen, Sie so zu sehen, wie Sie wirklich sind. Und das ist es, was Sie insgeheim wünschen.

 ## Katze streckt ihre Schnurrbarthaare nach vorn

OBERFLÄCHLICHKEIT, EINFACHHEIT

Vieles, was Sie beschäftigt, ist mehr Schein als Sein. Doch diese Substanzlosigkeit hat nicht nur Nachteile. Sie führt auch zu einer großen Einfachheit Ihrer Wünsche und Entscheidungen. Ein schnelles Auto, ein schöner Urlaub, eine

tolle Wohnung, und Sie sind zufrieden. Und warum eigentlich nicht? Es muss nicht jeder die Welt verbessern. Solange Sie glücklich sind mit Ihrem Leben, erfreuen Sie sich daran, ohne es zu hinterfragen. Dass Sie ein Katzenorakel durchgeführt haben, deutet allerdings möglicherweise doch auf grundlegende Probleme oder Fragen hin. Sie haben nunmehr zwei Möglichkeiten: Sie entscheiden sich für die einfache und probate Methode, suchen sich eine nette und praktikable Lösung und lassen die Sache auf sich beruhen. Oder Sie gehen in die Tiefe, ermitteln Gründe und Ursachen, finden eine weit reichende und umfassende Lösung. Keiner dieser beiden Ansätze ist besser oder schlechter als der andere, aber bedenken Sie: Wenn Sie erst einmal angefangen haben, die Dinge komplexer und grundsätzlicher zu sehen, dann ist nichts mehr wie zuvor. Ein neues Auto wird Ihnen als hohler Kommerz erscheinen, ein feister Urlaub als nur kurzfristige Befriedigung. Wollen Sie das wirklich?

 Katze wackelt mit ihren Schnurrbarthaaren auf und ab

GÜTE, ZORN

Zwei Seelen wohnen, ach, in Ihrer Brust. Einerseits gehen Sie gerade auch in finanziellen Dingen bedacht und gütig vor. Eine Investition bewerten Sie nicht ausschließlich aufgrund kommerzieller Daten, sondern auch auf der moralischen und gesellschaftlichen Ebene. Sie würden

niemals Geld in Waffenfirmen oder Atomkraftwerke stecken. Andererseits aber schlummert in Ihnen ein noch undefinierter Zorn, der sich manchmal unerwartet und wenig Gewinn bringend Bahn bricht. Da haben Sie plötzlich das Gefühl, die Enkel seien zu undankbar für die Geburtstagsgeschenke gewesen, oder der Vorstand einer AG müsse verdammt noch mal die Konsequenzen für das verpfuschte letzte Quartal ziehen. Jede Lappalie kann dann zur Explosion führen, Sie schreien und toben (vielleicht auch nur innerlich), Kurzschlussreaktionen pflastern Ihren Weg, und hinterher sind Sie zwar zunächst erleichtert, aber Sie stehen in einem Scherbenmeer. Hören Sie auf Ihre innere Stimme und gewöhnen Sie sich die Zornausbrüche ab – ohne wird es Ihnen viel besser gehen, und welche finanzielle Strategie könnte für private wie geschäftliche Entscheidungen besser geeignet sein, als der Herzenswunsch, für alle eine zufrieden stellende Lösung zu finden?

 Katze streicht mit den Pfoten über ihre Schnurrbarthaare

Kreativität, Spiel

Sie nehmen Geldfragen viel zu ernst. Ist Ihnen das auch schon aufgefallen? Sie können für zwei Mark Benzin verfahren, um am anderen Ende der Stadt billiger zu tanken – und damit zwei Mark zu sparen. Sie ärgern sich schwarz, wenn Ihre Aktien Verlust machen, aber wenn Sie auf Nummer sicher gehen und das Geld aufs Sparbuch packen,

schauen Sie täglich nach den Börsenindizes und fragen sich frustriert, warum Sie keinen Gewinn von 800 Prozent am Tag machen. Sie müssen – schon aus gesundheitlichen Gründen – lernen, die Sache lockerer zu sehen. Sonst werden Sie von Ihrem mühsam Ersparten höchstens einen schönen Platz im Pflegeheim für zornige Herzinfarktwracks bezahlen. Betrachten Sie Gelddinge spielerischer, nutzen Sie Ihre Kreativität, um die Lage entspannender zu gestalten. Gehaltserhöhung – nichts anderes als ein Pokergame. Börsentief – kommt praktisch sechs Falschen beim Lotto gleich. Finden Sie Ihre ganz persönlichen Gleichnisse. Und vor allem: Arrangieren Sie Ihre Finanzen so, dass Sie auch wirklich lockerer damit umgehen können. Sie werden dann vielleicht nicht immer den höchsten Gewinn machen. Aber Sie werden wieder mehr Spaß am Leben haben.

 Katze öffnet ihr Maul nur ein wenig und »hechelt« (atmet flach)

GIER, WOHLSTAND

Man nennt dieses Verhalten der Katze »flehmen«; auf diese Weise können Kater zum Beispiel den Geruch rolliger Katzen besser aufnehmen. Die Antwort auf Ihre Frage liegt begründet in Ihrer Gier nach Wohlstand. Fragen Sie sich, wie Sie Ihre Ziele aufgestellt haben, was Sie erreichen wollen. Wollen Sie jemandem (sich selbst, Ihren Eltern, Ihrem Partner) etwas beweisen? Verfolgen Sie Ziele, die Sie

sich vor langer Zeit steckten, die aber gar keinen aktuellen Bezug und Nutzen mehr haben? Oder stellen Sie bei der Bestandsaufnahme fest, dass Sie sich eigentlich mit Ihren Ambitionen und Wünschen ganz wohl fühlen? Je nachdem, wie das Ergebnis ausfällt, sollten Sie entweder die Konsequenz ziehen, sich neue – aktuelle – Ziele zu setzen. Oder aber sich einzugestehen, dass Ihr aktuelles Problem nun einmal der unangenehme Teil eines langfristigen Ziels ist, an dem Sie festhalten wollen. Schon wird es Ihnen deutlich leichter fallen, Frustrationen zu verarbeiten.

 Katze öffnet ihr Maul und zeigt ihre Reißzähne

AGGRESSION, TÄUSCHUNG

Haben Sie auf einer Ausflugsfahrt ein Topfset oder eine Rheumadecke gekauft? Oder im Spanienurlaub eine Timeshare-Wohnung? Oder verdienen Sie Ihr Geld damit, nichts ahnenden Mitbürgern in Fußgängerzonen Reinigungsmittel oder Wundersalben anzudrehen? Die Ursache Ihrer derzeitigen Schwierigkeiten liegt in einer aggressiven Täuschung, beinahe schon einem Betrugsmanöver, das in engem Zusammenhang mit Ihren Finanzen steht. Vielleicht haben Sie sich verhoben und können die Raten für die angeblich »supergünstige« Urlaubswohnung nicht mehr zahlen. Vielleicht ärgern Sie sich über das rausgeworfene Geld für die unnütze Decke, oder Sie haben ein schlechtes Gewissen, weil die Brühe, die Sie bis nachts um drei in der Garage zusammenpantschen, ganz bestimmt nicht gegen hartnäckige Flecken hilft, sondern höchstens

noch welche erzeugt. Versuchen Sie nicht, die Vergangenheit zu ändern. Aber leben und entscheiden Sie in der Zukunft anders als bisher.

Katze »runzelt die Stirn«, neigt die Ohren nach vorn

ANGST, MISSTRAUEN

Ihr Umgang mit Geld ist geprägt von Angst und Misstrauen. Wahrscheinlich sind Sie auch schon einmal böse übers Ohr gehauen worden. Sie wittern überall Nepper, Schlepper, Bauernfänger. Sie trauen keinem Rat und sind frustriert, weil Sie die gewünschten Informationen aber auch nicht selbst beschaffen beziehungsweise verifizieren können. Wenn Sie eine Gehaltserhöhung erhalten, glauben Sie es erst, wenn das Geld wirklich auf dem Konto ist. So gerechtfertigt diese Übervorsicht sein mag – Sie machen sich damit vor allem selbst das Leben schwer. Niemand will Sie überreden, Ihr Geld zu verzocken. Und wenn Sie weniger darüber nachdenken, wird es nicht weniger. Suchen Sie sich einfach eine Ihrer Meinung nach sichere Geldanlage (und sei es ein Sparbuch oder Sparstrumpf, Hauptsache, Sie können ruhig schlafen), genehmigen Sie sich ein wöchentliches oder monatliches Budget für Lebenshaltungskosten und kurzfristige Entscheidungen und lassen Sie es dabei bewenden. Vor allem aber: Lassen Sie negative Emotionen aus diesem Bereich nicht (wie bisher) auf andere Lebensbereiche übergreifen!

 ## Katze »rümpft die Nase«, reckt die Schnurrbarthaare nach vorn

Zorn, Energie

Sie sind unzufrieden mit Ihrer finanziellen Situation, aber gerade diese Unzufriedenheit verleiht Ihnen auch die notwendige Kraft, Energie und Motivation, etwas zu ändern. Vielleicht haben Sie das Gefühl, zu wenig zu verdienen, zu viel Steuern zu zahlen, zu wenig zu sparen – oder auch, immer nur zu sparen und monatliche Fixkosten zu zahlen, aber nie etwas Tolles zu kaufen und einfach nur Freude daran zu haben. Was auch immer die Ursache Ihres Zorns und Ihrer Unzufriedenheit ist, es wird Ihnen sehr leicht fallen, die Kurve zu kriegen und für die notwendigen Veränderungen zu sorgen. Haben Sie keine Angst vor ungewollten Komplikationen oder Schwierigkeiten: Wenn Sie die Sache geradeheraus ansprechen und offen Ihre Position darstellen, wird alles glatt gehen.

Karriere

Die Bereiche »Karriere« und »Geld« sind oft eng miteinander verbunden. Vergessen Sie jedoch nicht, dass es auch andere Geldquellen gibt als eine hochfliegende Karriere – und dass eine Beförderung nicht immer dasselbe ist wie die angemessene (oder gar notwendige) Anerkennung.

Was wir Menschen Karriere nennen, ist letztlich nichts anderes als der Versuch, tägliche Aufgaben zu verteilen und eine Art »Hackordnung« aufzustellen. Das ist Katzen wohlbekannt: Sie betrachten es als Ihre tägliche Aufgabe, ihnen Futter, Wasser und Streicheleinheiten zukommen zu lassen, und erkämpfen sich ihren Platz in der regionalen Rangordnung wortwörtlich mit Zähnen und Klauen.

Zugleich sind ihnen jedoch Statussymbole und falscher Stolz fremd. Wer also könnte uns besser helfen, in Karrierefragen das Wesentliche zu erkennen?

Die Füße und allgemein die Aktivität der Katze sind die wichtigsten Indikatoren in Sachen Karriere – von faul bis hyperaktiv lässt das Verhalten der Katze zahlreiche konkrete Rückschlüsse zu.

Das große Thema »Karriere«

Geldfragen gehören in den Bereich »Geld«. Geht es jedoch eher um Anerkennung (die auch anders als durch eine Gehaltserhöhung erfolgen könnte), so sind Sie hier richtig.

Gute Fragen beispielsweise sind:

- Ich fühle mich in meiner derzeitigen beruflichen Position gelangweilt und unterfordert. Sollte ich mich ander-
  weitig bewerben?

- Bei Beförderungen werde ich stets übergangen – warum?

- Ich werde bald mit der Schule/der Ausbildung/der Bun-
  deswehr/dem Zivildienst fertig sein. Für welche Art der
  Ausbildung sollte ich mich im Anschluss entscheiden?

- Ich glaube, keine Chance auf meinen Traumjob Model/
  Pilot/Lokführer/Krankenschwester/Tierarzt/Erotikstar
  zu haben – ist das richtig, oder gibt es doch noch eine
  Möglichkeit, diesen Beruf auszuüben?

- Meine Kollegen sind so gemein. Was soll ich tun?

- Ich würde gern einen anderen Beruf ausüben, traue
  mich aber nicht. Sollte ich das Risiko eingehen und es
  versuchen?

- Ich erreiche in meiner derzeitigen Position nicht, was ich
  von mir erwarte/mein Chef von mir erwartet. Ich weiß
  aber nicht recht, warum eigentlich – und komme mir
  daher unfähig vor. Sollte ich etwas an meinem Verhal-
  ten/Vorgehen ändern – oder liegen die Schwierigkeiten
  außerhalb meiner Person begründet?

● Wie finde ich heraus, was mein Traumjob ist?

● Ich arbeite zu viel – wie kann ich lernen, weniger Aufgaben zu übernehmen und mehr Privatleben zu haben?

● Mir steht eine wichtige Präsentation beziehungsweise ein wichtiges Projekt bevor. Was kann ich tun, um diese(s) erfolgreich zu bewältigen?

Durchführung und Deutung des Orakels

Formulieren Sie also Ihre Orakelfrage. Nehmen Sie sich Zeit dafür. Schreiben Sie die Frage auf, um nachher nicht die Frage einer unerwarteten Deutung anzupassen. Begeben Sie sich mit Ihrer Katze in das Orakelzimmer oder einen anderen Raum, in dem sie ungestört sind. Achten Sie darauf, dass Sie und Ihre Katze für die nächsten 30 Minuten versorgt sind, damit sie sich beide voll auf die zu klärende Frage konzentrieren können. Warten Sie, bis Ihre Katze Sie aufmerksam anschaut. Stellen Sie ihr dann mit ruhiger Stimme Ihre Orakelfrage (lesen Sie diese ruhig vom Blatt ab, wenn Ihnen das leichter fällt).

Beobachten Sie nun die Reaktion Ihrer Katze. Lassen Sie sich Zeit und geben Sie auch Ihrer Katze Zeit – auch Katzen müssen erst mal nachdenken, und die spontane erste Reaktion ist nicht immer die endgültige Orakelaussage.

Achten Sie darauf, ob Ihre Katze eine der folgend genannten Handlungen in den 15 bis 20 Minuten nach Ihrer Frage mehrfach wiederholt. Dies ist dann Ihre Hauptaus-

sage. Aber auch Kombinationen aus verschiedenen Reaktionen und Aussagen sind möglich. Mit der Zeit werden Sie sehr schnell erkennen, was Ihre Katze meint und mit den Deutungsmöglichkeiten frei jonglieren. Wenn das Verhalten Ihrer Katze unklar bleibt, hat sie möglicherweise zu dem von Ihnen angesprochenen Thema nichts zu sagen. Auch dies kommt vor. Oder aber Ihre Katze ist der Meinung, Ihr Problem ist nicht so sonderlich groß, und Sie kommen gut alleine damit klar.

Im Zweifelsfalle führen Sie bitte frühestens drei Tage später ein weiteres Katzenorakel zum gleichen Thema durch. Formulieren Sie dabei, wenn möglich, Ihre Frage etwas anders, um der Katze die Möglichkeit zu geben, einen besseren Bezugspunkt zu finden.

Folgend finden Sie die traditionell überlieferten Reaktionen der Katzen sowie die zugehörigen Deutungen beschrieben. Um Ihnen die Klärung und vor allem Umsetzung des Katzenorakels zu erleichtern, finden Sie jeweils auch eine kurze beispielhafte Interpretation. Diese kann natürlich nicht allgemein gültig oder immer passend sein. Bewusst wurden die Musterinterpretationen so konkret wie nur möglich gehalten. Dadurch kann es leider dazu kommen, dass Sie auf den ersten Blick keinen Zusammenhang zwischen Ihrer Orakelfrage und der Interpretation feststellen können. Es liegt jedoch bei Ihnen, sich weit genug zu öffnen und flexibel genug zu denken, um den notwendigen Bezug herzustellen. Konzentrieren Sie sich nötigenfalls nur auf die Deutung (die zwei Worte unter dem Verhaltensmuster Ihrer Katze) und warten Sie ab, welche Inspirationen diese in Ihnen auslösen.

 ## Katze steht mit allen vier Pfoten fest auf dem Boden

STABILITÄT, LANGEWEILE

Sie müssen sich keine Sorgen um Ihren Job machen, sind vielleicht verbeamtet oder reich verheiratet. Diese Sicherheit und Stabilität führt jedoch auch zu einer gewissen Langeweile – Sie fühlen vielleicht auch nur verbeamtet oder reich verheiratet? Suchen Sie die Herausforderung, ohne gleich alles zu riskieren. Sie müssen nicht kündigen oder Ihren Mann verlassen, nur um neue berufliche Herausforderungen zu erleben. Vielleicht haben Sie schon länger darüber nachgedacht, um eine Versetzung oder Beförderung zu bitten. Doch die Lösung liegt nicht unbedingt im Bereich Ihrer derzeitigen Tätigkeit. Suchen Sie sich ein interessantes und abwechslungsreiches Hobby. Oder eine faszinierende Nebentätigkeit. Erfüllung und Abwechslung lässt sich auch durch die pflichtbewusste Ausübung ehrenamtlicher Tätigkeiten erlangen. Verwünschen Sie Ihre derzeitige Situation nicht, sondern nutzen Sie sie zu Ihrem Vorteil. Sie haben die großartige Möglichkeit, das »beste aus beiden Welten« miteinander zu vereinbaren. Vertreiben Sie die Langeweile in kleinen Schritten. Werfen Sie nicht alles über den Haufen, aber machen Sie sich eben auch bewusst, dass Sie aufgrund der vorhandenen beruflichen Stabilität in dem neu zu erobernden Bereich auch einmal größere Risiken eingehen können, die Ihnen höchstwahrscheinlich auch zu einer größeren Befriedigung verhelfen werden.

 Katze steht mit allen vier Pfoten fest auf einem erhöhten Gegenstand (zum Beispiel Fensterbrett, Möbelstück)

Vertrauen, Hingabe

Besser kann es kaum kommen. Vertrauen Sie auf Ihre derzeitige Situation, erledigen Sie Ihre Arbeit mit Hingabe (wie es ohnehin Ihre Art ist) – Sie werden reich dafür entlohnt werden, und zwar nicht nur finanziell, sondern auch emotional sowie durch einen großen Schritt auf der Karriereleiter. Ihre Kollegen wissen, was sie an Ihnen haben, und Ihre Vorgesetzten ebenfalls. Sie wissen Ihr Engagement und Ihre Einsatzfreude zu schätzen, und werden das Ihnen gegenüber auch zum Ausdruck bringen. Folgen Sie einfach Ihren Neigungen und erledigen Sie weiterhin jede Aufgabe mit der Ernsthaftigkeit, Konzentration und Gründlichkeit, die ihr gebührt. Sollten Sie an Ihren Fähigkeiten oder Ihrer derzeitigen Position zu zweifeln beginnen, so sollten Sie daran arbeiten, wieder größeres Vertrauen in sich und Ihre Leistung zu entwickeln. Versuchen Sie einmal, sich mit den Augen eines anderen zu sehen. Sie werden erstaunt sein! Ihnen steht zudem die Möglichkeit offen, sich bei wohlmeinenden Kollegen Ihrer Sache rückzuversichern.

 Katze reckt sich vom Boden auf einen erhöhten Gegenstand (zum Beispiel ein Sofa)

Planung, Streben

Ihre berufliche Situation scheint festgefahren zu sein. Vermutlich denken Sie schon länger darüber nach, wie Sie

sich verändern – und verbessern – könnten. Tatsächlich bedarf die Lage einer gründlichen Analyse und Planung. Dann werden Sie Ihr Ziel auch erreichen. Sie streben nach einer Vision, die noch nicht deutlich genug ist. Versuchen Sie, Ihr Ziel präziser zu formulieren: Wann wollen Sie wie viel verdienen; welche Entscheidungskompetenzen hätten Sie gern; wie soll sich Ihre Jobbeschreibung lesen? Wenn Sie diese Vision erst einmal selbst genau vor Augen haben, wird es Ihnen auch leichter fallen, Sie anderen gegenüber zu vertreten – und die notwendigen Maßnahmen zu ergreifen, sie umzusetzen. Werden Sie dabei jedoch nicht ungeduldig. Es ist damit zu rechnen, dass bis zu 18 Monate vergehen können, bevor Sie Ihrem Karriereziel mit einem Mal näher kommen. Verlieren Sie nicht den Mut, arbeiten Sie weiter an Ihrem Plan, verfeinern Sie Ihre Fähigkeiten – es wird sich bereits mittelfristig lohnen!

 Katze streckt sich von einem erhöhten Gegenstand (zum Beispiel einem Sofa) zum Boden

BESCHRÄNKUNG, TRAUER

Bereiten Sie sich auf das Scheitern eines ambitionierten Projektes vor. Dies kann Ihre Karriere betreffen (zum Beispiel indem überraschend doch ein junger Kollege den Abteilungsleiterposten bekommt), aber auch eines Ihrer aktuellen Projekte (zum Beispiel wenn ein bereits als sicher angesehener Etat in letzter Minute doch abgezogen wird). Mit derartigen Rückschlägen umzugehen, ist Ihre

Stärke nicht. Niederlagen reizen Ihren Kampfgeist und spornen Sie – zumindest kurzfristig – zu neuen Leistungen an. Doch dies sind keine Höchstleistungen, sie dienen nur dem Frustabbau. Durchdringen Sie dieses Verhaltensmuster und legen Sie es ab. Nehmen Sie sich die Zeit, um die entgangene Chance zu trauern. Analysieren Sie, wie es dazu kommen konnte. Ärgern Sie sich nicht, sondern fragen Sie sich, ob Sie etwas hätten anders machen können oder sollen. Oft wird sich dabei herausstellen, dass Sie zu viele Projekte am Start haben, die Sie nicht mehr hinreichend gut betreuen konnten. Auch wenn es anfangs wehtut und wie ein Rückschritt aussieht: Beschränken Sie sich auf weniger Dinge – und machen Sie diese gründlich und ordentlich. Arbeiten Sie daran, Ihre aktuelle Situation stets angemessen einzuschätzen. Dann bleiben Ihnen in Zukunft unerwartete Niederlagen weitgehend erspart.

 Katze kommt zu Ihnen und stellt eine Pfote auf Ihr Bein

Intoleranz, Zweifel

Sie haben es beruflich mit schwer wiegenden Problemen zu tun, müssen sich mit Intoleranz und Zweifeln plagen. Dies betrifft entweder Sie beziehungsweise die von Ihnen geleistete Arbeit – oder aber Ihr Job erfordert die Auseinandersetzung mit diesen Emotionen (zum Beispiel wenn Sie Jugendgruppenleiter sind). Lassen Sie sich davon nicht unterkriegen – aber überlegen Sie auch, wie lange Sie sich diesen negativen Emotionen noch aussetzen wollen. Set-

zen Sie sich ein Limit, und halten Sie sich daran. Möglicherweise müssen Sie auch ein tägliches Limit einführen, eine klare(re) Grenze zwischen Arbeit und Privatleben ziehen. Handelt es sich um Gefühle, die Ihnen entgegengebracht werden, ergründen Sie die Ursachen, und überlegen Sie sich, wie Sie in Zukunft damit umgehen wollen. Nicht jeder Kampf ist es wert, gekämpft zu werden: Wenn die Ihnen entgegengebrachte Stimmung allzu negativ ist, sollten Sie über eine Versetzung beziehungsweise Fremdbewerbung nachdenken.

 Katze kommt zu Ihnen und klettert auf Ihren Schoß, sodass sie keine Pfote mehr am Boden hat

Ruhe, Originalität

Ihre Problem scheint Ihnen zwar brennend eilig und aktuell, wird sich jedoch nur langfristig und auf eine ungewöhnliche Art lösen lassen. Vielleicht sind Sie bereits zu festgefahren, was die notwendigen Veränderungen angeht? Nehmen Sie sich eine Auszeit: Ignorieren Sie das Problem, fahren Sie – wenn möglich – sogar in Urlaub. Durch diese erzwungene Distanz schaffen Sie sich eine neue Perspektive. Danach sollten Sie versuchen, offen an Ihren Schwierigkeiten zu arbeiten. Holen Sie sich gegebenenfalls Rat von Freunden oder Fachleuten. Am Ende werden Sie alle Zweifler – und am meisten sich selbst – mit einer unerwartet einfachen und originellen Lösung verblüffen! Begehen Sie jedoch nicht den Fehler, diese erzwingen zu wollen. Sie haben viel mehr Zeit, als Sie glauben. Lernen Sie, die Ruhe

zu bewahren, dann werden Sie in Zukunft mit ähnlichen Situationen souveräner umgehen können.

 Katze rollt sich auf den Rücken, streckt die Pfoten in die Luft

OFFENHEIT, ENERGIE

Sie haben keinerlei Kommunikationsprobleme und sind vermutlich in einem Berufsfeld mit regem Kundenkontakt tätig – oder sollten dies sein. Ihre Offenheit und Energie kann zeitweise zum Problem für Sie oder Ihre Kollegen werden, wenn Sie übertreiben und/oder von anderen ähnlich hohe Leistungen erwarten. Besinnen Sie sich auf Ihre Stärken und vergleichen Sie sich nicht mehr mit anderen. Ihre offene Art wird Ihnen bald ein unerwartetes berufliches Angebot einbringen, eine deutliche Verbesserung – wahrscheinlich entweder eine interne Beförderung oder ein externes Angebot, in einem Ihnen bislang unbekannten Bereich eine leitende Position einzunehmen. Vertrauen Sie auf Ihre Energie und Kompetenz, dann werden Sie die Herausforderung mühelos meistern.

 Katze kommt zu Ihnen und stupst Sie mit der rechten Vorderpfote an

AUSWEICHEN, LANGEWEILE

Karriere? Nichts für Sie. Immer nur Mittelmaß? Das kennen Sie gut. Nie der Letzte, nie die Beste – das könnte Ihr Lebensmotto sein. Sie neigen dazu, Herausforderungen, aber auch Schwierigkeiten auszuweichen. Dies führte bis-

her zwar dazu, dass Sie sich nie bis an Ihre Grenzen hin (oder gar darüber hinweg) anstrengen mussten – aber auch zu einer grandiosen Langeweile in beruflichen Dingen. Sie übernehmen keine Aufgabe, die Sie nicht auf der linken Arschbacke absitzen, Sie bewerben sich auf keine Position, für die Sie nicht gnadenlos überqualifiziert sind. So können Sie natürlich weitermachen. Dann sollten Sie sich aber ein verdammt aufregendes Hobby suchen. Oder Sie nehmen eine bevorstehende berufliche Herausforderung an und verblüffen sich und Ihre Mitmenschen durch Einsatz und Motivation. Das könnte dann der Startschuss für Ihre lange überfällige Karriere sein!

 ## Katze kommt zu Ihnen und stupst Sie mit der linken Vorderpfote an

KÖRPERLICHKEIT, ZORN

Sie gehen Ihre Schwierigkeiten zu intellektuell und kopflastig an. Suchen Sie sich einen Weg, auf dem Sie Ihre Frustration und Ihren Zorn körperlich ausleben können. Das heißt jedoch auf keinen Fall, dass Sie Ihre ungezogenen Schüler schlagen oder dem frechen Azubi eine reinhauen! Versuchen Sie erst einmal, bei Sport oder körperlicher Arbeit Dampf abzulassen. Wollten Sie nicht schon lange ins Fitnesscenter eintreten oder den Garten umgraben? Jetzt ist ein guter Zeitpunkt dafür! Auch die Lösung Ihrer Schwierigkeiten wird höchstwahrscheinlich eine körperliche Komponente haben – vielleicht müssen Sie Ihren Schreibtisch umstellen, Ihr Büro renovieren, sich endlich einen guten Schreibtischstuhl leisten. Oder Sie beginnen,

Ihren Arbeitsweg als Fitnessroute zu nutzen und kommen mit dem Rad oder zu Fuß zum Job. Sollten Sie bereits eine körperlich anstrengende Tätigkeit ausüben (zum Beispiel Masseur oder Krankenschwester), so kann auch das Gegenteil der Fall sein – schonen Sie sich, senken Sie den körperlichen Anteil Ihrer Arbeit oder verbessern Sie die Bedingungen zu dessen Ausführung. In beiden Fällen sollten Sie daran arbeiten, Ihren Zorn konstruktiver auszuleben und abzubauen als bisher. Machen Sie dieses starke Gefühl zu Ihrer Motivation, statt sich davon bremsen zu lassen.

 ## Katze bewegt sich insgesamt ruhig bis ungewöhnlich langsam

WOHLSTAND, NEUANFANG

Der Ihnen bevorstehende Neuanfang wird mit Wohlstand verbunden sein – das ist doch eine schöne Aussicht, oder nicht?! Sie können sich auf Ihr Talent verlassen und einen Schritt wagen, über den Sie schon lange nachdenken. Vielleicht wollen Sie sich selbständig machen oder das Berufsfeld wechseln? Oder es ist an der Zeit, die Arbeitsbelastung zu reduzieren und nur noch halbtags ins Büro zu gehen? Oder Sie schreiben jetzt endlich einmal den Antrag auf die lange überfällige Beförderung! So oder so müssen Sie sich keine Sorgen darum machen, wovon Sie im nächsten Jahr die Butter fürs Brot bezahlen. Der Start einer neuen oder ergänzenden Karriere wird sich zudem auch positiv auf Ihr Berufsleben insgesamt auswirken, auch wenn dies derzeit noch nicht absehbar erscheint. Aber es werden sich logische und organische Verbindungen ergeben, die nicht vor-

hersehbar waren, im Nachhinein aber fast unvermeidbar scheinen. Sie können mit finanziellem wie beruflichem Wohlstand rechnen.

 Katze bewegt sich insgesamt schnell bis hyperaktiv

LABILITÄT, NACHDENKLICHKEIT

Oft haben Sie das Gefühl, das eine könnte richtig sein – das andere aber auch. Diese Labilität und Ihre Neigung zur Nachdenklichkeit machen Sie zwar zu einem beliebten Gesprächspartner, der von jedem Problem »beide Seiten« sehen kann. Aber zugleich blockieren Sie durch diese Unentschlossenheit Ihre eigene Karriere, schaden sich selbst. Andere treffen mit Hilfe Ihrer Analysen entschlossene Entscheidungen und heimsen Lob, Gehaltserhöhungen und Beförderungen ein. Sie müssen lernen, klar und kraftvoll zu handeln – oder zumindest so zu erscheinen. Und auch wenn Ihnen das merkwürdig und sogar riskant vorkommt: Man kann auch zu viel nachdenken! Versuchen Sie nicht, Ihren Kopf »abzuschalten«. Aber verzetteln Sie sich nicht in Details. Überdenken Sie Entscheidungen und Einschätzungen gründlich, aber bleiben Sie dann bei Ihrer Meinung. Üben Sie dies an »unwichtigen« Fragen im privaten Bereich, um es dann beruflich gekonnt einzusetzen. Lassen Sie sich nicht mehr herumschubsen und ausnutzen!

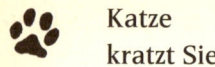 **Katze
kratzt Sie**

MISSTRAUEN, AGGRESSIVITÄT

Ihr Auftreten und Ihre Vorgehensweise sind von Misstrauen und Aggressivität geprägt. Sie trauen niemandem, nicht einmal sich selbst. Damit machen Sie es jedoch sich und anderen sehr schwer. Wahrscheinlich wurden Sie oft enttäuscht, wenn Sie sich auf andere verließen, oder Ihnen selbst wurde schon im Kindesalter zu wenig Vertrauen entgegengebracht. Aber lassen Sie sich durch die schlechten Erfahrungen der Vergangenheit nicht beirren. Streifen Sie diese Altlasten ab, entdecken Sie neue Wege der Konfliktlösung. Genauso, wie Sie eine Katze, die Sie ständig nur kratzt, instinktiv ablehnen, ergeht es Ihrer Umwelt mit Ihnen. Dass unter der harten Schale vielleicht ein weicher – oder zumindest liebenswerter – Kern steckt, bleibt ja vollkommen verborgen. Sie haben bereits viel Goodwill verspielt, setzen Ihre Ziele schon länger nach dem Prinzip »Zuckerbrot und Peitsche« durch – harsche Kritik, wenn etwas nicht klappt, Belohnungen für gute Leistungen. Aber was Sie damit erreichen, ist keine konstruktive Zusammenarbeit, sondern furchtsamer Gehorsam. Überdenken Sie Ihre Verhaltensweisen. Oft verbergen sich die aggressivsten und frustrierendsten Muster hinter oberflächlich betrachtet positiven Kommentaren oder Handlungen. Behandeln Sie Ihre Kollegen und Mitarbeiter so, wie Sie schon immer gerne behandelt worden wären. Nach einer kurzen Phase der Verwirrung und Umorientierung werden plötzlich unerwartete Kräfte freigesetzt und Leistun-

gen ermöglicht, die letztlich wieder Ihnen zugute kommen.

 ### Katze kratzt an Einrichtungsgegenständen

Illusion, Eifersucht

Beruflich geben Sie sich allzu häufig Illusionen hin. Das läuft doch gut. Das wird schon. Wir kriegen den Auftrag. Wir sind mehr als eine Firma, wir sind eine Familie. Kommt Ihnen das nicht bekannt vor? Achten Sie einmal darauf. Diese Sichtweise führt jedoch immer wieder zu bösen Überraschungen und Frustrationen, wenn sich die Wirklichkeit als gänzlich anders herausstellt – Sie bekommen den Auftrag nicht, keiner will die notwendigen Überstunden machen, das Ergebnis lässt zu wünschen übrig. Lernen Sie behutsam und in kleinen Schritten, die Wirklichkeit realistischer wahrzunehmen. Eine der Ursachen für Ihre »Träumerei« könnte in der Eifersucht auf den Erfolg anderer liegen. Wenn Sie Ihre sowie die Leistungen anderer realistisch bewerten, müssen Sie vielleicht auch einmal eine Niederlage eingestehen oder gar Ihr Verhalten ändern, Ihren Arbeitseinsatz optimieren. Das gefällt Ihnen gar nicht. Doch genau hier steckt die Lösung Ihrer beruflichen Probleme.

 ### Katze hebt wiederholt die linke Vorderpfote vom Boden

Ehrlichkeit, Täuschung

Es ist doch komisch. Wenn Sie denken, alles läuft rund,

dann geht normalerweise irgendwas schief. Und wenn Sie befürchten, dass eine Katastrophe unausweichlich sei, geht alles glatt über die Bühne. Ihre Fähigkeit, eine Situation realistisch einzuschätzen, ist sehr schwach ausgebildet. Oft täuschen Sie sich und halten den Schein für das Sein, verwechseln Äußerlichkeiten mit Substanz. So kann es auch schon mal vorkommen, dass Sie einen ungeeigneten Kollegen mit einer bestimmten Aufgabe betrauen. Suchen Sie sich einen möglichst objektiven Ratgeber, auf dessen ehrliche Meinung Sie sich verlassen können. Richten Sie sich danach, setzen Sie die entsprechenden Entscheidungen um. Versuchen Sie, den Grund für ihre unterschiedlichen Einschätzungen zu ermitteln. Bald schon werden sich erste Erfolge zeigen und Sie werden herausfinden, wie weit die neue Ehrlichkeit Sie bringt.

 Katze hebt wiederholt die rechte Vorderpfote vom Boden

Hingabe, Ideenreichtum

Lassen Sie Ihrer Kreativität freien Lauf, geben Sie sich einer aktuellen Aufgabe ganz und gar hin – auch wenn dies auf den ersten Blick eine Überlastung bedeutet oder nicht der naheliegendste Ansatz sein sollte. Doch wenn Sie sich auf diese eine Sache konzentrieren und sich voll auf Ihren reichen Quell an originellen Ideen verlassen, dann werden Sie bald allen zeigen können, wozu Sie wirklich fähig sind. Was dadurch vorerst unerledigt liegen bleibt, ist nicht so wichtig. Im Augenblick zählt nur, dieses eine Projekt erfolgreich zu realisieren. Gerade wenn die Aufgabe sach-

lich und phantasielos erscheint, sollten Sie versuchen, Ihrer kreativen Lösung den Raum zu geben, der ihr gebührt, und sie nicht von Anfang an als unnütz beiseite schieben.

 ## Katze hebt die linke hintere Pfote vom Boden und schüttelt sie

KLARHEIT, STILLE

Viele Menschen lieben (bis zu einem gewissen Grad) Stress und Action – sie laufen dann zu Hochform auf. Bei Ihnen ist es anders. Sie benötigen Stille, um sich Klarheit über Ihr Vorgehen zu verschaffen. Da dies im Alltag jedoch oft nur schwer zu verwirklichen ist, werden Sie leicht von Ihrem gewünschten Vorgehen abgebracht. Nehmen Sie sich mehr Zeit, um Ihren Plan detailliert zu erstellen. Wenn es sein muss, gehen Sie am Wochenende ins Büro, wenn Sie dort Ihre Ruhe haben. Fixieren Sie die Ergebnisse schriftlich, auch wenn Sie dies bisher nicht für nötig hielten. Achten Sie darauf, dass Sie nicht nur äußere, sondern vor allem auch innere Klarheit über die Ihrer Meinung nach notwendigen Handlungen erlangen. Es wird Ihnen dann leichter fallen, im Alltag daran festzuhalten. Machen Sie es sich zudem zur Gewohnheit, zu einem festgesetzten Zeitpunkt jeden Tag einmal Stille einkehren zu lassen, und sei es nur für fünf Minuten. Schalten Sie vollkommen ab und genießen Sie diese Zeit, die nur Ihnen gehört. Das wird Sie neue Höchstleistungen vollbringen lassen, die nicht lange verborgen bleiben.

Katze hebt die rechte hintere Pfote vom Boden und schüttelt sie

INTUITION, LÜGE

Verlassen Sie sich auf Ihr Gefühl, Ihre Intuition. Jemand lügt Sie an oder gaukelt Ihnen etwas vor. Sie sind sich recht sicher, dass etwas nicht stimmt, haben aber keinerlei handfeste Gründe für Ihre Annahme. Behalten Sie Ihre Vermutung für sich, aber vertrauen Sie ihr. Agieren Sie vorsichtig und besonnen, sodass Sie sich notfalls jederzeit zurückziehen können. In dieser ungewöhnlichen Situation könnte es auch angebracht sein, Ihrerseits eine (Not-)Lüge einzusetzen. Zögern Sie nicht, machen Sie sich dieses Verhalten aber auch nicht zur Gewohnheit. Mit etwas Glück und Geschick sollte die aktuelle Problematik sich innerhalb von zehn bis längstens zwanzig Tagen zu Ihrer Zufriedenheit auflösen lassen. Machen Sie danach aber nicht den Fehler, allem und jedem zu misstrauen – die meisten Menschen sind ehrlich und haben Ihr Vertrauen verdient.

Katze beginnt, ihre Pfoten zu lecken

TATENLOSIGKEIT, EINDRUCK

Sie verzögern ein Projekt oder eine Entscheidung – bewusst oder unbewusst – durch Ihre Tatenlosigkeit. Dafür haben Sie gute Gründe, aber beachten Sie dennoch den Eindruck, den Sie hinterlassen. Wenn Sie nicht bald handeln und Ergebnisse vorweisen, werden Sie lange mit dem Vorurteil zu kämpfen haben, Sie seien unentschlossen und

kraftlos. Überdenken Sie Ihre ursprüngliche Entscheidung. Vielleicht wollten Sie auch nur einem Konflikt ausweichen, einem Kollegen nicht zu nahe treten? Nehmen Sie lieber ein nicht ganz so gutes Ergebnis in Kauf, als weiter zu »mauern«. Und denken Sie in Zukunft strategischer: Vermitteln Sie zumindest nach außen hin den Eindruck von Entschlossenheit und Tatkraft.

 ## Katze streicht sich mit den Pfoten über die Ohren

AUFMERKSAMKEIT, NEID

Eine Frage oder Überlegung erfordert Ihre ganze Aufmerksamkeit. Kontrollieren Sie noch einmal alle bisherigen Entwicklungen und Entscheidungen; manchmal lauert der Teufel im Detail. Als Kern des Problems wird sich Neid herausstellen. Vielleicht boykottiert ein frustrierter Untergebener Ihre Anweisungen, sodass keine Fortschritte zu verzeichnen sind. Oder aber Sie erschweren sich die notwendigen Maßnahmen, da Sie Ihrerseits fürchten, ein anderer würde später die Lorbeeren dafür ernten. Wenn Sie sich einfach nur auf die zu bewältigende Aufgabe konzentrieren und sie so gut es geht lösen, werden sich jedoch alle weiteren Blockaden wie von selbst auflösen. Freuen Sie sich über Ihren Erfolg, aber prahlen Sie nicht – und teilen Sie Lob und Prämie mit denjenigen, die Ihnen geholfen haben, um zukünftigen Schwierigkeiten vorzubeugen.

 **Katze kratzt sich
hinter dem rechten Ohr**

KLUGHEIT, STREIT

Sie haben zwei Möglichkeiten: Sie können durch Ihre ausgesprochen klugen Überlegungen einen Streit provozieren – oder vermeiden. Welche dieser beiden Varianten für Ihr mittelfristiges Fortkommen am erfolgversprechendsten ist, sollten Sie überlegt entscheiden. Wählen Sie dabei das Verhalten, das Ihrem normalen Auftreten entgegengesetzt ist. Wenn Sie stets und ständig mit den Chefs kollidieren, dann versuchen Sie diesmal, einem Konflikt geschickt aus dem Wege zu gehen. Wenn Sie hingegen bekannt dafür sind, immer brav zu kuschen, dann beweisen Sie diesmal Rückgrat und stellen Sie sich der Situation. Die Überraschung über Ihre Reaktion allein wird Ihnen helfen, das Ziel zu erreichen. Wenn Sie sich einmal für ein Vorgehen entschieden haben, vertrauen Sie auf Ihre Entscheidung und wechseln Sie nicht mittendrin die Strategie.

 **Katze kratzt sich
hinter dem linken Ohr**

LEIDENSCHAFT, FREUNDSCHAFT

Vorsicht: Was im Privaten hilfreich ist – nämlich Leidenschaft und Freundschaft – kann im Beruf nach hinten losgehen. Hüten Sie sich vor einer Affäre mit einem Kollegen oder einer Kollegin, oder machen Sie sich zumindest rechtzeitig bewusst, was auf dem Spiel steht. Achten Sie auch darauf, berufliche Entscheidungen nicht aufgrund privater Sympathien zu treffen (indem Sie beispielsweise Aufträge an die Firma ihres alten Schulfreundes vergeben, obwohl günstigere Angebote vorliegen). Auf diese Weise erzeugen Sie nur Loyalität von außen, aber nicht innerhalb Ihres Aufgabenbereiches. Seien Sie auch auf der Hut vor Seilschaften: alte Freunde, die es auf Sie oder Ihren Job abgesehen haben, oder ein innerbetriebliches Liebespaar, das unberechenbare Entscheidungen zu verantworten hat. Generell sind Gefühle in fachlichen Fragen kein guter Berater. Sollte die Situation unlösbar und/oder unerträglich werden, ziehen Sie die Konsequenzen und bewerben Sie sich anderswo, statt zu versuchen, bestehende »Klüngel« aufzubrechen.

 Katze geht balancierend (zum Beispiel auf einer Sofalehne, einer schmalen Fensterbank)

GÜTE, KOMMUNIKATION

Was Ihnen heute noch als fast unlösbares Problem erscheint, darüber werden Sie schon bald lächeln – und das erleben Sie nicht zum ersten Mal. Sie sind bekannt für Ihre Nettigkeit und Güte; achten Sie jedoch darauf, nicht von unlauteren Gestalten ausgenutzt zu werden. An Ihren kommunikativen Fähigkeiten müssen Sie noch arbeiten, um unterscheiden zu lernen, ob ein Kollege oder Auftraggeber nur Ihre Freundlichkeit und Einsatzbereitschaft ausnutzt – oder tatsächlich bereit ist, Ihre Arbeit angemessen zu honorieren, sei es durch Geld oder Lob und Anerkennung. Dennoch sollten Sie keinesfalls die Flinte ins Korn werfen, wenn Sie (wie-

der einmal) für andere die »Drecksarbeit« erledigt haben – üben Sie sich darin, anschließend deutlich Ihren Ärger und Ihre Frustration zu kommunizieren. Schnell werden Ihre Gesprächspartner dazu übergehen, Sie angemessen zu behandeln, denn Ihr Input ist unentbehrlich.

 Katze verliert das Gleichgewicht, kippt zum Beispiel von einer Fensterbank oder einer Sofalehne herunter, strauchelt etwas ungeschickt

WANKELMUT, KLUGHEIT

Heute so, morgen anders, und was übermorgen wird, weiß ganz allein der Wind. So empfinden Ihre Mitarbeiter Sie – auch wenn Sie selbst es vielleicht ganz anders sehen. Sie sind der Meinung, flexibel Ihre Position den neuesten Entwicklungen anzupassen, und merken dabei gar nicht, dass Sie Ihr Fähnchen wankelmütig und unzuverlässig in den Wind hängen. Doch es wird Ihnen leicht fallen, diese für Ihre Umgebung anstrengende Eigenschaft abzulegen. Denn mit Ihrer Klugheit gelingt es Ihnen mühelos, auch komplexe Probleme zu durchdringen. Bemühen Sie sich mehr als bisher, alle verfügbaren Informationen zu sichten, bevor Sie sich zu einem Thema äußern. Dann wird es Ihnen auch leichter fallen, bei Ihrer Meinung zu bleiben, da nicht alle naslang neue Fakten auftauchen. Häufig wurde Ihnen größere Verantwortung vorenthalten, da Sie zu unentschlossen wirkten. Das kann sich nun ändern.

 Katze klettert auf einen schmalen Gegenstand (zum Beispiel Kratzbaum, Sofalehne), setzt oder legt sich dort zur Ruhe

ERFRISCHUNG, ARMUT

Mal was ganz Neues probieren? Total aussteigen – zumindest auf Zeit? Oder auch endlich einmal die verkrusteten Strukturen aufbrechen und in der (eigenen) Firma neue Wege gehen? Sie haben ganz schön viel vor! Ob der Zeitpunkt dafür glücklich gewählt ist, müssen Sie entscheiden. Auf jeden Fall besteht in den nächsten drei Monaten ein erhöhtes finanzielles Risiko, wenn Sie Ihre frischen, frechen Ideen umsetzen. Wenn es also nicht besonders dringend ist, sollten Sie lieber noch etwas warten. Andererseits kann es ja auch ganz motivierend sein, alles auf eine Karte zu setzen und mit hohem Einsatz zu spielen. Wenn Sie dazu bereit sind, dann nichts wie los – Freiheit ist nur ein anderes Wort dafür, nichts mehr verlieren zu können!

 Katze geht im Passgang

AKTIVITÄT, VERWIRRUNG

Katzen können sowohl im Passgang als auch im Kreuzgang gehen. Passgang heißt, die Beine auf einer Seite bewegen sich gleichzeitig vorwärts, also die rechte Vorderpfote und die rechte Hinterpfote zeigen vorwärts, danach die linke Vorder- und die linke Hinterpfote. Diesen Gang setzen Katzen gern ein, wenn sie sich flach an den Boden gepresst an ein Beutetier anschleichen. In Bezug auf Ihre Karrierefrage

verweist der Passgang einerseits auf eine hohe Aktivität, die Sie entweder selbst entfalten oder der Sie ausgesetzt sind, zugleich aber auch auf zunehmende Verwirrung. Achten Sie daher unbedingt darauf, was Sie tun beziehungsweise was Ihnen widerfährt – und suchen Sie gezielt nach Gründen und Motiven hinter den sichtbaren Aktionen. Versuchen Sie so schnell wie möglich, Licht in das Dunkel zu bringen und die Verwirrung zu entflechten. Dann sollte es Ihnen möglich sein, die Kraft der derzeit etwas ungerichteten Aktivitäten zu Ihrem Vorteil zu bündeln.

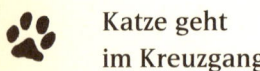

Katze geht im Kreuzgang

Freude, Oberflächlichkeit

Im Gegensatz zu den meisten anderen Tieren können sich Katzen sowohl im Passgang (s. o.) als auch im Kreuzgang fortbewegen: Während die linke Vorderpfote nach vorne geht, bleibt die linke Hinterpfote hinten; die rechte Hinterpfote wird ebenfalls vorgezogen, während die linke Vorderpfote nach hinten gerichtet bleibt. Der Kreuzgang verweist beim Karriereorakel auf Freude, die jedoch eng verbunden ist mit Oberflächlichkeit. Dies könnte zum Beispiel bedeuten, dass Sie sich über eine Beförderung freuen, die jedoch in Wahrheit nur aus einem neuen Titel besteht, aber weder mehr Geld noch größere Befugnisse beinhaltet. Oder aber Sie bereiten anderen eine Freude, obwohl Sie selbst das Gefühl haben, keine besondere Leistung erbracht zu haben – der Schein, die oberflächliche Betrachtung, sprechen hier eine andere Sprache. Fällt die Situation zu Ihren Gunsten

aus, so genießen Sie die Freude und nutzen Sie die gute Stimmung, um Ihren langfristigen Zielen näher zu kommen. Vergessen Sie dabei jedoch nicht, wie wenig substanziell die Stimmung ist. Sind Sie unzufrieden mit der Lage der Dinge, so versuchen Sie, Ihren Gesprächspartnern die tatsächliche Situation (unter der Oberfläche) deutlich zu machen.

 Katze geht durch das ganze Zimmer, als müsse sie es neu erobern

SPIEL, OFFENHEIT

Wenn Ihre Katze quasi eine Revierbegehung des Orakelzimmers vornimmt, so verweist sie damit auf die Deutungen Spiel und Offenheit. Es mag in der heutigen Zeit merkwürdig klingen, aber tatsächlich ist erwiesen, dass die besten Entscheidungen auf eine spielerische Art bei absoluter Offenheit allen Einflüssen gegenüber fallen. Das ist nicht nur das Prinzip des Brainstorming, das gilt für Entscheidungen und Entwicklungen aller Art. Die Blockade, die Ihnen zu schaffen macht, wird sich auf ebendiese Weise im Nu auflösen lassen, sofern es Ihnen gelingt, tatsächlich einmal alle Ihre Erwartungen und vorgefassten Meinungen über Bord zu werfen. Am besten beschäftigen Sie sich mit etwas ganz anderem, das Ihnen Spaß macht und Freude bereitet, aber auch Ihre gesamte Konzentration in Anspruch nimmt. Lassen Sie Ihr Unterbewusstsein arbeiten – und plötzlich, wie aus dem Nichts, haben Sie einen

Geistesblitz. Verwerfen Sie diesen nun nicht etwa, da er nicht in Ihre schematische Erwartung einer potenziellen Lösung passt, sondern versuchen Sie einmal abzuschätzen, ob diese ungewöhnliche Lösung nicht vielleicht die beste und einfachste wäre. Bei deren Umsetzung Sie dann übrigens auch noch Spaß haben. Sie werden sehen!

Katze springt in die Höhe

NEUGIER, DISKUSSION

Sie interessieren sich für alles Neue. »Das war schon immer so« und »Da kann ja jeder kommen« sind für Sie ein Graus. Aber nur, weil etwas anders ist als bisher, ist es nicht unbedingt besser. Bewahren Sie sich Ihre Neugier, aber versuchen Sie, in Diskussionen und Gesprächen mit Ihren Mitarbeitern und Kollegen zu klären, welche Veränderungen als allgemein sinnvoll angesehen werden. Sie neigen dazu, Veränderungen anzustoßen, aber schon wieder zu verwerfen, bevor sie voll umgesetzt sind. Nutzen Sie Ihre Begeisterung und Ihren Enthusiasmus lieber gezielt für weniger Neuerungen, die besser ankommen. Was Sie persönlich und Ihren direkten Arbeitsbereich angeht, so leidet die Durchführung Ihrer Aufgaben leider manchmal unter Ihrem übergroßen Interesse an eigentlich allem. Auch neigen Sie dazu, Diskussionen auszuweiten. Konzentrieren Sie sich bei der Arbeit auf das Wesentliche und nutzen Sie bewährte Kommunikationsstrukturen effektiver. Sie werden erstaunt sein, wie viel produktiver und effizienter Sie arbeiten können.

Katze springt auf einen erhöhten Gegenstand

BERECHNUNG, STRENGE

Sie gehören zu den Kollegen, die keiner mag, die sich aber selbst für unentbehrlich halten. Das muss nicht so bleiben. Sie haben das Potenzial, zu einem Kollegen zu werden, den jeder mag und den alle anderen für unentbehrlich halten. Bislang stechen Sie vor allem durch Ihre Berechnung und Strenge hervor. Sie haben das Gefühl, alles im Griff und im Überblick zu haben – und behalten zu wollen! Entspannen Sie sich. Sie setzen Ihre Umwelt massiv und konstant unter Druck. Ein lockerer und freundschaftlicher Umgang mit Ihnen scheint unmöglich – und wird von Ihnen auch gar nicht gewünscht. Dabei würde es vieles einfacher machen. Es ist nicht immer nötig, lautstark mit der Peitsche zu knallen. Oft bringt eine nette Frage, eine motivierende Bemerkung oder echtes Verständnis viel mehr. Um es in Ihrer Art zu formulieren: Wenn Sie sich eisern zwingen, weniger barsch und berechnend zu sein, können Sie als sicher einkalkulieren, die Produktivität (und Laune) Ihrer unmittelbaren Umgebung deutlich zu steigern!

Katze springt von einem erhöhten Gegenstand herunter

TREUE, WAHRHEIT

In jedem Job gibt es mal Probleme. Oft muss man etwas tun, wovon man nicht recht überzeugt ist. Auskünfte geben, die nicht so ganz der Wahrheit entsprechen. Produkte

entwickeln, die keinem etwas bringen – außer der Company. All das gehört nun einmal zum Berufsleben dazu. Aber in Ihrem Fall liegt die Sache etwas anders. Bleiben Sie sich und der Wahrheit treu; engagieren Sie sich gegen ein übles Projekt oder hinterlistige Machenschaften. Ziehen Sie notfalls die Konsequenzen – gehen Sie an die Öffentlichkeit, alarmieren Sie die Medien, kündigen Sie Ihren Job. Sie wollen sich doch auch morgen noch im Spiegel anschauen können, oder? Dann sind Sie sich ein anständiges und aufrechtes Verhalten schuldig!

 Katze sitzt mit einer erhobenen Pfote ruhig da und schaut Sie an

KARRIERE, VERTRAUEN

Sie müssen einfach nur durchhalten. Haben Sie Vertrauen, der Rest erledigt sich wie von selbst. Sie erfüllen bereits alle Voraussetzungen für den nächsten gewünschten Karriereschritt. Lassen Sie sich nicht von Selbstzweifeln oder kritischen Stimmen beunruhigen. Versuchen Sie vor allem nicht panisch, »Eindruck« zu machen – das führt nur zum gegenteiligen Effekt. Vertrauen Sie auf Ihr Können und auf die Erkenntnisse und die Aufmerksamkeit der entscheidenden Leute. Man ist bereits auf Sie aufmerksam geworden, nun brauchen Sie nur noch auf den richtigen Zeitpunkt zu warten, und der wird eher früher als später kommen.

 Katze schleicht sich an eine (imaginäre) Beute oder ein Spielzeug an, springt dann mit einem großen Satz darauf zu

UNTERWERFUNG, IDEENREICHTUM

Sie haben es nicht nötig, sich zu unterwerfen, aber Sie müssen auch andere nicht zwingen, sich Ihnen unterzuordnen. Ihr Bedürfnis nach erkennbaren Hierarchien ist etwas zu stark ausgeprägt, worunter Sie auch leiden. Machen Sie sich frei von der Vorstellung, immer alles von vornherein einordnen zu können. Öffnen Sie sich dem Spontanen. Sie werden überrascht sein, welch reichen kreativen Quell Sie in sich tragen. Nutzen Sie zudem noch Synergien, die Sie freisetzen können, wenn Sie den hierarchischen Druck auf Ihre unmittelbare Umgebung reduzieren. Sie werden sehen, zu welchen Leistungen Sie fähig sind. Diese Erfolge wiederum werden Ihnen helfen, aus der Untergebenen-Position herauszufinden, in der Sie sich seit einiger Zeit unwohl fühlen. Sie haben sich freigeschwommen, benötigen keine ständige Aufsicht und Kontrolle mehr. Versuchen Sie jedoch nicht, zuerst Ihre Position zu verbessern und danach Ihre »Untergebenen« freizulassen – Sie müssen erst lernen, Freiheiten zuzulassen und die Kraft der Ideen zu spüren, bevor Sie Gleiches für sich einfordern und erhalten können.

Gesundheit

Je älter man wird, desto wichtiger wird die Gesundheit. Nicht nur, weil mit dem Alter gesundheitliche Probleme zunehmen. Sondern vor allem, weil man mit den Jahren die Erfahrung macht, dass Geld, Liebe, Karriere oder auch nur gutes Wetter draußen vor der Tür wenig wert sind, wenn es einem zu schlecht geht, sie zu genießen.

Berücksichtigt man nun noch, dass Katzen in einem Menschenjahr um einige Katzenjahre altern – eine zehn Jahre alte Katze ist also in Wahrheit 60 –, dann wird klar, warum Katzen in Gesundheitsfragen nahezu ideale Ratgeber sind. Auch traditionell ist das einer der wichtigsten Bereiche des Katzenorakels; bereits die Ägypter befragten heilige Katzen über ihre Gesundheit und die ihrer Angehörigen, Freunde und Herrscher. Kein römischer Feldzug wurde begonnen, wenn nicht die Katzen kundgetan hatten, dass der jeweilige Feldherr von guter Gesundheit war und das Heer also erfolgreich in die Schlacht führen konnte.

Am wichtigsten sind in diesem Bereich die Laute und Geräusche (von Schnurren oder stumm bleiben bis Maunzen, Fauchen, Knurren). Hinzu kommen »geräuschlose«, aber gezielte Äußerungen, speziell das Räkelverhalten.

Das große Thema »Gesundheit«

Gesundheitsfragen sollten Sie so konkret wie möglich formulieren, dabei aber möglichst wertneutral bleiben. »Ver-

flucht, ich habe Krebs! Was ist das eigentlich für eine Scheißwelt?« ist schwieriger (und weniger hilfreich) zu beantworten als die positiver und konkreter formulierte Frage: »Bei mir wurde Krebs diagnostiziert. Was kann ich tun, um mit dieser Krankheit möglichst gut umzugehen und sie hoffentlich sogar zu besiegen?«

Gott sei Dank müssen wir derartige Fragen nur selten stellen; die meisten gesundheitlichen Probleme haben keinen existenziellen Charakter, sodass es uns leichter fällt, von vornherein eine gewisse konstruktive Distanz aufzubauen.

Auch Fragen zur psychischen Gesundheit können Katzen beantworten. Sie können gerade in gesundheitlichen Fragen übrigens auch Katzenorakel zu anderen Personen durchführen, um diese beim Erhalt oder der Wiederherstellung ihrer Gesundheit zu unterstützen. Da Katzen sehr soziale, aber auch eigenwillige Wesen sind, fällt es Ihnen leicht, die nötige Mischung aus einfühlsamer Nähe und hilfreicher Distanz zu finden. Wenn die Katze die Person kennt, um die es geht, fällt das Orakel erfahrungsgemäß deutlich präziser aus. Hingegen ist es nicht nötig (und oft sogar kontraproduktiv), die Person, um die es geht, von dem Katzenorakel in Kenntnis zu setzen. Viele Menschen glauben nicht an die überbrachten Weisheiten des Katzenorakels und stellen somit Ihr Urteilsvermögen in Frage. Wenn Sie hingegen aufgrund des Orakels nur besser mit demjenigen umgehen, wird er oder sie es Ihnen danken.

Im Bereich »Gesundheit« können Sie Fragen stellen wie:

● In letzter Zeit fühle ich mich matt und erschöpft. Was kann ich tun, um wieder frisch und energiereich zu sein?

● Ich leide an einer bestimmten Krankheit/einem bestimmten Symptom (bitte nennen Sie Krankheit beziehungsweise Symptom), was kann ich tun, um zu genesen?

● Ich werde demnächst an einem Wettkampf teilnehmen; wie kann ich dafür meinen Gesundheitszustand optimieren?

● Ich habe häufig Kopfschmerzen. Was kann ich dagegen unternehmen – sowohl vorbeugend als auch im akuten Fall?

● Mein Mann/meine Frau/mein Freund/meine Freundin leidet an einer bestimmten Krankheit. Was kann ich tun, um seinen/ihren Zustand verbessern zu helfem?

● Ich möchte gerne meine Grundkonstitution verbessern (zum Beispiel um mich seltener zu erkälten). Welche Maßnahmen eignen sich speziell für mich?

● Ich fühle mich oft unsicher, bin schnell verletzt. Wie kann ich meine Psyche stabilisieren?

● Sind 150 Kilo für eine Frau von 158 cm vielleicht doch

ein wenig viel? Und könnte mein Gewicht etwas mit meinen Knöchelschmerzen zu tun haben?

● Was kann ich tun, um meine Gesundheit auch im Alter zu erhalten?

● Werde ich früh sterben – und sollte ich mir deswegen Sorgen machen oder mich anders verhalten?

● Ich fühle mich recht gesund – aber könnte ich mich besser fühlen, und wenn ja, was kann ich tun, um dieses Ziel zu erreichen?

Gerade bei Fragen zur Gesundheit, insbesondere bei komplexen medizinischen oder psychologischen Fragen, sollten Sie darauf achten, die Fragen präzise zu formulieren, der Katze alle notwendigen Informationen zu geben und nicht zu jammern. Vergessen Sie nicht: Sie wollen einen Rat, und je konstruktiver und positiver Sie Ihre Frage formulieren, desto konstruktiver und positiver wird der Rat des Katzenorakels ausfallen.

Durchführung und Deutung des Orakels

Formulieren Sie also Ihre Orakelfrage. Nehmen Sie sich Zeit dafür. Schreiben Sie die Frage auf, um nachher nicht die Frage einer unerwarteten Deutung anzupassen. Begeben Sie sich mit Ihrer Katze in das Orakelzimmer oder einen anderen Raum, in dem sie ungestört sind. Achten Sie

darauf, dass Sie und Ihre Katze für die nächsten 30 Minuten versorgt sind, damit sie sich beide voll auf die zu klärende Frage konzentrieren können. Warten Sie, bis Ihre Katze Sie aufmerksam anschaut. Stellen Sie ihr dann mit ruhiger Stimme Ihre Orakelfrage (lesen Sie diese ruhig vom Blatt ab, wenn Ihnen das leichter fällt).

Beobachten Sie nun die Reaktion Ihrer Katze. Lassen Sie sich Zeit und geben Sie auch Ihrer Katze Zeit – auch Katzen müssen erst mal nachdenken, und die spontane erste Reaktion ist nicht immer die endgültige Orakelaussage.

Achten Sie darauf, ob Ihre Katze eine der folgend genannten Handlungen in den 15 bis 20 Minuten nach Ihrer Frage mehrfach wiederholt. Dies ist dann Ihre Hauptaussage. Aber auch Kombinationen aus verschiedenen Reaktionen und Aussagen sind möglich. Mit der Zeit werden Sie sehr schnell erkennen, was Ihre Katze meint und mit den Deutungsmöglichkeiten frei jonglieren. Wenn das Verhalten Ihrer Katze unklar bleibt, hat sie möglicherweise zu dem von Ihnen angesprochenen Thema nichts zu sagen. Auch dies kommt vor. Oder aber Ihre Katze ist der Meinung, Ihr Problem ist nicht so sonderlich groß, und Sie kommen gut alleine damit klar.

Im Zweifelsfalle führen Sie bitte frühestens drei Tage später ein weiteres Katzenorakel zum gleichen Thema durch. Formulieren Sie dabei, wenn möglich, Ihre Frage etwas anders, um der Katze die Möglichkeit zu geben, einen besseren Bezugspunkt zu finden.

Folgend finden Sie die traditionell überlieferten Reaktionen der Katzen sowie die zugehörigen Deutungen beschrieben. Um Ihnen die Klärung und vor allem Umsetzung des Katzenorakels zu erleichtern, finden Sie jeweils auch eine kurze beispielhafte Interpretation. Diese kann natürlich nicht allgemein gültig oder immer passend sein. Bewusst wurden die Musterinterpretationen so konkret wie nur möglich gehalten. Dadurch kann es leider dazu kommen, dass Sie auf den ersten Blick keinen Zusammenhang zwischen Ihrer Orakelfrage und der Interpretation feststellen können. Es liegt jedoch bei Ihnen, sich weit genug zu öffnen und flexibel genug zu denken, um den notwendigen Bezug herzustellen. Konzentrieren Sie sich nötigenfalls nur auf die Deutung (die zwei Worte unter dem Verhaltensmuster Ihrer Katze) und warten Sie ab, welche Inspirationen diese in Ihnen auslösen.

 ### Katze
miaut leise

LIEBE, TATENLOSIGKEIT

Liebe erscheint uns oft als das Allheilmittel schlechthin. Doch so überlebenswichtig die Liebe ist – zu lieben und geliebt zu werden entbindet keinen von uns von der Eigenverantwortung für das Leben. Unsere Gesundheit ist das höchste Gut, und Sie können mehr für die Erhaltung oder Wiederherstellung der Gesundheit tun, als Ihnen derzeit bewusst ist. Liebe schließt auch Selbstliebe ein, die in unserer schnelllebigen Zeit oft zu kurz kommt. Besinnen Sie sich auf das Wesentliche, lassen Sie sich von (scheinbaren) Hindernissen nicht aufhalten. Entwickeln Sie Eigeninitiative und überwinden Sie die (oftmals be-

queme, aber langfristig schädliche) Tatenlosigkeit. Auch wenn Sie sich machtlos oder hilflos fühlen – Ihr Einfluss ist größer, als Sie glauben. Vergessen Sie dabei niemals die Kraft der Liebe, die Sie erfahren oder geben – auch diese wird erst durch ein aktives Geben und Nehmen zur Wirkung gebracht.

 Katze
miaut klagend

Streben, Planung

Jeder will gesund sein/bleiben/werden. Aber das geschieht nicht von allein. Was tun Sie eigentlich dafür, Ihre körperliche und geistige Gesundheit zu erhalten oder wiederzuerlangen? Sie sollten versuchen, Ihre Anstrengungen geplant und gezielt einzusetzen. Überlegen Sie, wie Ihre wichtigsten gesundheitlichen Ziele aussehen – wonach streben Sie? Wollen Sie endlich wieder durchschlafen können, keine Rückenschmerzen mehr haben, eine chronische Krankheit in ihre Schranken weisen? Mit ein wenig Planung können Sie vielleicht keine Wunder vollbringen – aber es wird sich so anfühlen!

 Katze
miaut lautstark

Originalität, Eindruck

Kennen Sie das? Sie sind felsenfest von etwas überzeugt, rackern sich ab – und erreichen doch nie Ihr Ziel? Es ist fast ein wenig so wie im Märchen vom Hasen und dem Igel.

Ähnlich verhält es sich derzeit mit Ihrer gesundheitlichen Situation. Die Lage der Dinge bedarf einer grundlegend neuen Einschätzung und Perspektive. Verschaffen Sie sich zuerst einen umfassenden Überblick, einen neuen Eindruck. Vielleicht geht es Ihnen viel besser, als Sie glauben. Vielleicht gehören Sie zu den Leuten, die auf die höflich Frage »Wie geht's?« stets mit einer Leidenslitanei antworten, obwohl es Ihnen im Grunde eigentlich gut geht. Oder es verhält sich umgekehrt: Sie ignorieren ein schwer wiegendes gesundheitliches Problem und sagen immer bloß (auch zu sich selbst): »Mir geht's gut, danke«, auch wenn dies in Wahrheit gar nicht der Fall ist. Klären Sie, wo Sie wirklich stehen. Lassen Sie gegebenenfalls längst überfällige Tests und Untersuchungen vornehmen. Überlegen Sie danach, wie Sie mit der Situation umgehen – ändern Sie entweder Ihre Sichtweise oder Ihr Verhalten. Die Lösung ist einfach, erfordert aber originelles Denken, frei von eingefahrenen Bahnen.

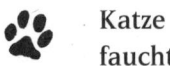 **Katze
faucht**

ZORN, INTOLERANZ

Das Verhalten Ihrer Katze spiegelt – wenngleich in überspitzter Form – Ihr eigenes Verhalten wider, und zwar sowohl anderen als auch sich selbst gegenüber. Sie sind frustriert und enttäuscht, wenn Ihr Körper nicht leistet, was Sie von ihm erwarten. Sie stellen hohe Ansprüche und lassen es andere auch wissen, wenn sie Ihrer Meinung nach versagt haben. So gerechtfertigt es ist, sich und anderen ambitionierte Ziele zu setzen – Sie tun dies manchmal in

einem Ausmaß, das mehr Schaden anrichtet als Nutzen bringt. Achten Sie einmal darauf: Wenn Sie sich erst mal geärgert haben, dann bleiben Sie den ganzen restlichen Tag angespannt, reizbar und latent unzufrieden. Diese Eigenschaft ist Katzen gänzlich fremd. Sie leben vollständig in der Gegenwart; ist ein Konflikt ausgetragen, so wird er augenblicklich und vollständig zu einem Teil der Vergangenheit. Dies können Sie von Ihrer Katze lernen. Schrauben Sie Ihre Ansprüche an sich und andere auf ein realistisches und erreichbares Maß herunter. Kosten Sie die Freude aus, wenn ein Ziel erreicht oder übertroffen wurde. Teilen Sie diese Freude. Wenn Sie so weitermachen wie bisher, sind Sie ein sicherer Kandidat für eine Stresskrankheit wie Herzinfarkt oder Magengeschwür. Seien Sie weniger streng mit sich und anderen – der verminderte Stress wird Wunder für Ihre Gesundheit wirken!

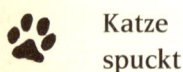

Katze
spuckt

AGGRESSIVITÄT, DISSONANZ

Aggressivität kann in zweierlei Form vorkommen: offen oder versteckt. In Ihrem Falle steht zu vermuten, dass unterschwellige Dissonanzen Sie aggressiv und ärgerlich machen – oder umgekehrt, dass nicht ausgetragene Aggressivität für Dissonanz und Unzufriedenheit mit engen Mitarbeitern, Freunden oder Familienangehörigen sorgt. Stellen Sie sich einmal vor, Sie müssten den ganzen Tag zuhören, wie jemand mit Kreide auf einer Schultafel vor sich hin quietscht. Schrecklich, oder? Genau dies muten Sie aber

(wenn auch lautlos) Ihrem Unterbewusstsein und Ihrer Umgebung zu. Kein Wunder, dass sich die Betroffenen taub stellen. Finden Sie heraus, was Sie frustriert oder ärgert, lösen oder entschärfen Sie Konflikte – und entlasten Sie Ihre Seele von dem stetigen Gequietsche auf Ihrer geistigen Tafel, wenn Sie wieder einen imaginären Tadel notieren!

 ### Katze gibt ein leises Grollen von sich

STAGNATION, ORDNUNG

Sollten Sie sich in der Rekonvaleszenz befinden, so müssen Sie sich auf eine Phase der Stagnation einstellen. Doch diese wird nicht ewig dauern; verlieren Sie also nicht den Mut. Auch wenn Sie versuchen, Ihre Gesundheit zu verbessern (zum Beispiel indem Sie Ihr Gewicht verringern oder Ihre Fitness verbessern), werden Sie für einige Zeit das Gefühl haben, nicht recht voranzukommen. Nutzen Sie diese Phase, um das gewünschte Ergebnis zu visualisieren und nötigenfalls Ordnung in einigen Bereichen Ihres Lebens zu schaffen. Die meisten Menschen neigen dazu, Ziele zwar leidenschaftlich, aber unorganisiert zu verfolgen. Je planvoller Sie vorgehen, desto schneller werden Sie den bevorstehenden »toten Punkt« überwinden.

 ### Katze knurrt laut

INTUITION, BESCHRÄNKUNG

»Ich will alles, ich will alles, und zwar sofort!« Das kommt

Ihnen bekannt vor? Kein Wunder: Während andere oftmals unorganisiert und unüberlegt handeln, denken Sie manchmal etwas zu viel oder zu lange nach. Nicht immer aber ist das Ergebnis einer ausführlichen intellektuellen Analyse das Beste für Körper und Geist. Lernen Sie – in kleinen Schritten – Ihrer Intuition (dem »Bauchgefühl«) zu vertrauen. Auch sollten Sie darauf achten, sich nicht zu viel vorzunehmen. Schreiben Sie Ihre gesundheitlichen Ziele auf. Bedenken Sie dabei auch Randbereiche wie Hobbys, Altersvorsorge, Urlaube. Notieren Sie nun, was Sie dafür tun. Mit hoher Wahrscheinlichkeit werden Sie Ihre Ziele fast schon übertrieben engagiert verfolgen und verwirklichen. Atmen Sie nun tief durch, entspannen Sie sich so gut wie möglich, und entscheiden Sie möglichst spontan, welche zwei Ziele Ihnen am wichtigsten sind. Konzentrieren Sie sich in nächster Zeit auf die ausgewählten Bereiche, lassen Sie bei anderen Dingen vielleicht sogar einmal »die Zügel schleifen« (auch wenn Ihnen dies schwer fallen sollte). Sie werden sehen, wie schnell sich unerwartete Erfolge einstellen, wenn Sie Ihrer Intuition folgen und Ihre Kräfte bündeln.

 ## Katze knurrt grollend und mit geschlossenem Maul

Ausweichen, Strenge

Es besteht die Gefahr, dass Sie einem wichtigen medizinischen Problem ausweichen, was weit reichende Konsequenzen haben kann. Müssten Sie sich möglicherweise einer Operation unterziehen und schieben Sie diese immer weiter auf? Oder sind Vorsorgeuntersuchungen fällig, die Sie schon zu lange verschieben? Sollen Sie vielleicht bestimmte Regeln einhalten oder Rehabilitationsmaßnahmen durchführen? Es ist nun an der Zeit, mit einer gewissen Strenge Ihnen selbst gegenüber durchzusetzen, was notwendig ist. Gesundheitsvorsorge macht nicht immer Spaß, kann aber überlebenswichtig sein! Folgen Sie dem gut gemeinten (wenn auch vielleicht nicht angenehmen) Rat eines Fachmannes.

 **Katze
wimmert**

WOHLSTAND, TÄUSCHUNG

Oberflächlich betrachtet ist alles in bester Ordnung. Sie scheinen sich bester Gesundheit zu erfreuen, wirken frisch wie der Frühling. Doch leider handelt es sich hier um eine schwer wiegende Täuschung, der Sie nicht aufsitzen sollten. Nehmen Sie auch leiseste Anzeichen drohender Erkrankungen oder gesundheitlicher Probleme ernst. Folgen Sie nicht dem bequemen und beruhigenden Weg der (Selbst-)Täuschung. Dieses Orakel birgt aber auch das Potenzial, den Schein zu ersetzen durch die Wahrheit – und aus dieser möglicherweise kurzfristig schmerzhaften Erkenntnis langfristig großen Nutzen zu ziehen. Oft kann sogar eine Umkehr der schleichenden, bisher nicht wahrgenommenen Entwicklung erreicht werden, sodass der tatsächliche Endzustand der derzeitigen wohligen Wahrnehmung entspricht.

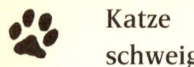 **Katze
schweigt**

STILLE, OBERFLÄCHLICHKEIT

Wenn Ihre Katze tatsächlich keinen Laut von sich gibt, sollten Sie nicht krampfhaft versuchen, Zeichen zu suchen und zu deuten, die gar nicht da sind. Das Schweigen der Katze steht für Stille in all ihren Ausprägungen – vielleicht sollten Sie die Stille durchbrechen und etwas längst Überfälliges aussprechen und thematisieren; wahrscheinlicher aber nutzt die Stille Ihnen. Suchen und genießen Sie innere und äußere Ruhe. In der Geräuschlosigkeit liegt eine oft ungeahnte Kraft. Hüten Sie sich jedoch davor, den Anschein von Stille allzu positiv zu werten. Nutzen Sie die Stille für Innenschau oder Meditation; verharren Sie nicht an der Oberfläche des unergründlichen Teiches der Weisheit. Schweigen (oder das Schweigen zu durchbrechen) allein reicht nicht: Sie müssen tatsächlich bis in das Herz der Dinge vordringen. Nehmen Sie sich die Zeit dafür. Bitten Sie nötigenfalls Ihre Umgebung, auf Ihr erhöhtes Bedürfnis nach Stille Rücksicht zu nehmen. Durchdringen Sie die Stille; entdecken Sie ihren Kern. Genießen Sie die alles durchdringende Weisheit; machen Sie nicht an der ersten unbequemen Biegung kehrt.

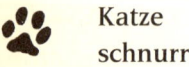 **Katze
schnurrt**

LIEBE, VERLÄSSLICHKEIT

Sie fühlen sich geliebt, geborgen und gehalten – und dies zu Recht. Machen Sie nicht den Fehler, sich für alle Zeit als

»unverwundbar« zu betrachten – aber im Augenblick sind Sie es. Um Ihre Gesundheit ist es bestens bestellt, oder – falls Sie in der Rekonvaleszenz sind – dies wird überraschend schnell der Fall sein. Ihr Körper und Ihre Seele dienen Ihnen zuverlässig – bedanken Sie sich bei Gelegenheit einmal stumm dafür. Tun Sie sich etwas Gutes. Erfreuen Sie sich an Ihrer Gesundheit; teilen Sie Ihre guten Gefühle. Verlassen Sie sich in Heilungsprozessen (egal ob psychisch oder körperlich) auf die Kraft der Liebe!

 **Katze
zischt**

WOLLLUST, ENERGIE

Wein, Weib und Gesang? Männer, Mode, Mittagspause? Der Sinn für alles Gute und Schöne – sowie die Kraft, ihm auch zu folgen – wurden Ihnen in die Wiege gelegt. Natürlich kann es manchmal auch zu viel des Guten werden, aber meist halten Sie eine natürliche und ausgeglichene Balance. Ihr größtes Gut ist das schier unerschöpfliche Reservoir an Power. Pflegen Sie es! Sie schaffen oft mehr als andere, aber das ist kein Grund, sich voll zu verplanen, jede Aufgabe und jeden Termin zu übernehmen. Folgen Sie stattdessen lieber öfter Ihrem inneren Wunsch, es sich gut gehen zu lassen – auch und gerade in sexueller Hinsicht. Sie sind kein Kind von Traurigkeit und haben die therapeutische Wirkung von Sex und Liebe schon oft am eigenen Leib erfahren. Sie haben das große Glück, sich nicht alles verdienen zu müssen. In Ihrem Leben gibt es viel, was Sie entspannt genießen können – tun Sie's einfach!

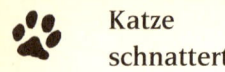 **Katze
schnattert**

Aktivität, Ungeduld

Das Schnattern der Katze ist ein Relikt aus der alten Zeit, in der die Tiere noch nicht gefüttert wurden. Um das Entkommen der Beute zu verhindern, aber auch, um nicht noch von einem schwer verletzten Tier gebissen oder gehackt zu werden, war es unerlässlich, das Beutetier schnell zu töten. Für diesen Tötungsbiss lassen Katzen ihre Zähne mehrfach schnell aufeinander schlagen – dies hört sich an wie ein Schnattern. Oft zu hören ist dieses Geräusch, wenn eine Katze durch das Fenster einen leckeren Vogel draußen auf einem Baum herumhüpfen sieht.

Im Katzenorakel steht das Schnattern der Katze einerseits für die kämpferische Aktivität, die zur Jagd gehört, aber auch für die frustrierte Ungeduld, nicht immer jagen (und dem Instinkt nachgeben) zu können. Folgen Sie, wenn möglich, den Wünschen, die tief in Ihnen verborgen schlummern, leben Sie Ihre Instinkte aus. Aber hüten Sie sich davor, dabei zu ungeduldig zu werden – dann richten Sie mehr Schaden als Nutzen an. Jeder Jäger muss sich leise und behutsam anschleichen, nicht laut und schnell durchs Unterholz brechen. Sie werden erstaunt sein, welche Auswirkungen diese kleine Änderung auf Ihre gesamte Gesundheit haben wird!

Katze
würgt

Trauer, Sanftheit

Katzen fressen Gras (oder knabbern an Grünpflanzen), würgen dann das Grünzeug – und oft auch Knäuel von Haaren, die sie bei der Fellpflege verschluckten – wieder aus. Dies ist ein natürlicher Reinigungsvorgang. Auch Ihre Gesundheit ist etwas ganz Natürliches. Möglicherweise haben Sie in nächster Zeit mit schwierigen gesundheitlichen Problemen zu kämpfen; dies könnte übrigens auch Ihnen sehr nahe stehende Menschen betreffen. Je offener und sanfter Sie mit Ihrer Trauer über die bevorstehenden Entwicklungen umgehen, desto leichter werden Sie damit umgehen können. Vergessen Sie nicht: In jedem scheinbaren Schicksalsschlag liegt auch eine Lehre, die in die Zukunft weist. Nehmen Sie Ihre Traurigkeit – oder die Ihrer Umgebung – an, aber lassen Sie sich nicht von ihr einhüllen.

Katze
schnauft

Sinnlichkeit, Härte

Einerseits – andererseits. So sieht das aus. Einerseits die Sinnlichkeit, die Empfindsamkeit, das Gefühl. Andererseits die Härte – sich selbst und anderen gegenüber. Und Sie wissen oft selbst nicht vorher, welches Ich sich in einer bestimmten Situation Bahn brechen wird. Dieses Hin und Her ist für Ihre Gesundheit nicht unbedingt förderlich,

denn auch in diesem Bereich gehen Sie so vor. Manchmal gönnen Sie sich etwas, schonen sich, genießen den Tag. Nur um dann unvermittelt aufzuspringen und sich gnadenlos anzutreiben (oder in anderer Weise streng zu behandeln). Versuchen Sie, diese beiden an sich hilfreichen Eigenschaften in eine konstruktive Balance zu bringen. Dann wird sich auch Ihre Gesundheit schnell stabilisieren.

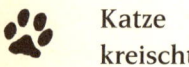

Katze
kreischt

EIFERSUCHT, NEUGIER

Es ist menschlich, der Neugier nachzugeben und vielleicht ein wenig mehr über den Partner (oder auch Kinder oder Kollegen) wissen zu wollen. Leider birgt Neugier auch das Risiko, mehr zu erfahren, als man wissen will – und es falsch zu interpretieren. Hüten Sie sich vor Eifersucht und Neid. Entweder Sie entscheiden sich dafür zu ignorieren, was Sie erfahren haben. Oder Sie finden einen Weg, auf eine einigermaßen anständige Art erfahren zu haben, was Sie zu wissen meinen. Und dann darüber zu sprechen. Neugier und Eifersucht können Sie krank machen – und zudem sind die Ihnen vorliegenden »Informationen« von zumindest zweifelhafter Glaubwürdigkeit. Am besten wäre es, wenn Sie es schaffen, Ihre Neugier zu zäumen. Das wird auch der potenziellen Eifersucht Einhalt gebieten – und damit den gesundheitlichen Problemen.

 ### Katze
sabbert

INTOLERANZ, DUMMHEIT

Wenn Ihre Katze sabbert, als habe sie einen unangenehmen Geschmack im Mund, deutet dies auf Intoleranz und Dummheit hin. Diese Eigenschaften gehen oft Hand in Hand. Möglicherweise handelt es sich um die Reaktion auf ein gesundheitliches Problem Ihrerseits, das Ihre Ansprechpartner (seien es Familienmitglieder oder Ärzte) nicht so ernst nehmen und kompetent behandeln, wie es nötig wäre. Lassen Sie sich davon nicht den Mut rauben, sondern bestehen Sie auf Ihrem Recht, ernst genommen zu werden. Vielleicht müssen Sie noch einige Rückschläge einstecken, aber letztlich werden Sie jemanden finden, der Ihr Problem erkennt und behandelt. Es lohnt sich, bis dahin durchzuhalten. Auch die derzeitigen Zweifler werden dann zugeben müssen, Ihnen Unrecht getan zu haben.

 ### Katze schnuppert
aufgeregt an Ihnen

DISSONANZ, AUSWEICHEN

Es mag Ihnen nicht in den Kram passen, aber es ist höchste Zeit, Ihrer Gesundheit die Aufmerksamkeit zu schenken, die ihr gebührt. Sie sollten fällige Vorsorgetermine wahrnehmen oder einen gründlichen Check bei Ihrem Hausarzt vereinbaren. Weichen Sie den sich bereits andeutenden Problemen nicht länger aus, sondern versuchen Sie lieber, notwendige Maßnahmen frühestmöglich umzusetzen. Wenn

Sie in sich hineinhorchen, scheint es bereits leise zu knirschen – vernachlässigen Sie diese alarmierenden Zeichen nicht. Es könnte sein, das Sie Angst vor einem Arzt- oder Zahnarztbesuch haben, doch das ist nicht nötig. Sie werden leicht und schnell die Hilfe erhalten, deren Sie bedürfen.

 Katze schnuppert aufgeregt an Einrichtungsgegenständen oder der Zimmerluft

VERLÄSSLICHKEIT, GÜTE

Sie sind kerngesund und standfest wie eine solide deutsche Eiche. Manchmal können kleine Störungen Ihnen zwar das Gefühl vermitteln, etwas mit Ihrer Gesundheit sei nicht in Ordnung. Aber diese Irritationen verschwinden schnell, solange Sie sich auf die Selbstheilungskräfte Ihres Körpers verlassen. Belohnen Sie diese Verlässlichkeit, geben Sie Ihrem Körper zu verstehen, dass Sie ihn zu schätzen wissen. Seien Sie weniger streng mit sich, geben Sie Ihren (körperlichen, gesundheitlichen) Bedürfnissen auch einmal nach. Wie wäre es zum Beispiel mit einem Wellness-Wochenende oder einer Beautykur?

 Katze drückt sich flach auf den Boden und faucht

ILLUSION, KONTAKTE

Was gesundheitliche Fragen angeht, unterliegen Sie einer Täuschung – sei es, dass Sie sich für fitter halten, als Sie eigentlich sind, oder dass Sie sich als kränklich empfinden, obwohl alles in Ordnung ist. Nutzen Sie vorhandene Kon-

takte, um die Sache zu klären. Dies kann bedeuten, dass Sie Ihren Hausarzt anrufen, aber auch, dass Sie mit Ihrer besten Freundin sprechen. Vielleicht ist auch eine gänzlich unerwartete Aktion notwendig – der Besuch bei einer Verwandten beispielsweise, die Sie lange nicht gesehen haben. Dort werden Sie eine gesundheitliche Erfahrung machen, die es Ihnen leichter machen wird, die Illusion durch einen wirklichkeitsnahen Eindruck zu ersetzen. Lassen Sie sich darin jedoch nicht beirren – was jetzt noch unwichtig erscheint, wird in einigen Monaten massive Konsequenzen haben. Es könnte zum Beispiel sein, dass Sie eine Operation vermeiden, weil Sie sich wieder besser fühlen. Oder dass Sie endlich mit einer lange für unnötig erachteten vorbeugenden Maßnahme beginnen.

Katze kommt auf Sie zu, kratzt Sie an Hand oder Bein

NACHDENKLICHKEIT, STAGNATION

Sie sind durchaus bereit, über gesundheitliche Fragen mit der nötigen Ausführlichkeit nachzudenken. Dennoch führte dies bislang nicht zu den gewünschten Ergebnissen. Diese Stagnation liegt allerdings nicht in mangelnder Denkarbeit begründet. Sondern darin, dass Sie sich scheuen, die als durchaus notwendig erkannten Konsequenzen auch umzusetzen. Sie sollten aufhören mit der Nachdenkerei und beginnen zu handeln. Vielleicht ist zuvor auch noch ein Arztbesuch oder Arztwechsel nötig. Es könnte auch sein, dass Ihnen die Meinung eines unabhängigen Fachmannes fehlt. In diesem Falle sollten

Sie die entsprechenden Informationen sammeln und dann noch ein letztes Mal analytisch aufbereiten. Aber spätestens danach ist es höchste Eisenbahn, endlich einmal Nägel mit Köpfen zu machen. Keine Ausreden mehr!

 Katze sucht einen sonnigen oder hellen Platz, legt sich hin und räkelt sich

BESCHRÄNKUNG, RUHE

Kein Wunder, dass Sie sich schlapp und ausgelaugt fühlen. Wenn es Ihnen gelänge, sich auf das Wesentliche zu beschränken, dann wären damit Ihre Probleme gelöst. Sie wollen alles. Sie wollen Meisterschaften laufen, beruflichen Erfolg haben, dabei aber entspannt bleiben und viel Freizeit haben. Das wird Ihnen nicht gelingen, denn auch Ihr Tag hat nur 24 Stunden. Gehen Sie die Sache ruhiger an. Ach was, gehen Sie Ihr ganzes Leben ruhiger an. Entscheiden Sie sich für die drei wesentlichsten Ziele und verfolgen Sie diese engagiert. Gönnen Sie sich zwischendurch auch mal eine Ruhepause – und genießen Sie diese! Sie werden sehen: Weniger ist mehr, die Beschränkung verhilft Ihnen zu größeren Erfolgen und zugleich zu einer inneren Ruhe, weil Sie nicht immer Ihren eigenen Zielen und Terminen hinterherhecheln.

 Katze sucht einen schattigen oder dunklen Platz, legt sich hin und räkelt sich

STAGNATION, FREUNDSCHAFT

Gesundheitlich bewegt sich nichts vor und nichts zurück.

Es geht Ihnen zwar nicht schlechter, aber auch nicht besser, obwohl Sie viel dafür tun. Allerdings sind Ihre Maßnahmen bisher alle schulmedizinischer Natur. Vielleicht sollten Sie, statt Zeit und Geld in Medikamente und Arztbesuche zu investieren, sich einmal wieder Ihrer Freunde besinnen. Wann haben Sie das letzte Mal aus vollem Halse gelacht? Wann mit Ihrer besten Freundin oder Ihrem besten Freund tiefes Mitleid gehabt? Unterschätzen Sie nicht die Kraft der Emotionen – und den Halt, den stabile Freundschaften der Psyche und damit bekanntermaßen auch der Gesundheit geben. Vielleicht müssen Sie sogar über Ihren Schatten springen und einen schon länger zurückliegenden Vorfall endlich vergeben und vergessen, um eine wichtige Freundschaft wieder aufleben lassen zu können. Tun Sie sich diesen Gefallen. Es lohnt sich!

Katze rollt sich auf den Rücken, zeigt Ihnen ihren Bauch

KARRIERE, MISSTRAUEN

Ihre Gesundheit halten Sie für selbstverständlich. Einschränkungen waren für Sie bislang unvorstellbar und inakzeptabel. Instinktiv vertrauten Sie der Medizin – wenn's Ihnen nicht gut geht, wird ein Medikament oder notfalls eine OP es schon richten. Viel wichtiger war Ihnen Ihre Karriere. Doch diese Haltung ist auf Dauer kontraproduktiv, denn wenn es Ihnen nicht gut geht, können Sie auch im Job nicht mehr die gewohnte Leistung bringen. Sie sollten alle »Weisheiten«, nach denen Sie derzeit Ihr Leben

ausrichten, mit einer gesunden Portion Misstrauen hinterfragen, überprüfen und notfalls korrigieren. Möglich ist, dass Sie dabei das Gefühl bekommen, alles falsch gemacht zu haben. Ganz so schlimm ist es nicht. Aber lassen Sie sich davon auch nicht entmutigen, sondern eher motivieren. Stellen Sie sich darauf ein, dass Sie langfristig bewusste Freude an Ihrer robusten Gesundheit empfinden werden.

 **Katze kommt zu Ihnen,
reibt sich kraftvoll an Ihnen**

Wahrheit, Planung

Sie sehen die Sache so, wie sie ist. Allerdings ist die Situation leichter zu verbessern, als Sie befürchten. Es bedarf nur einer gewissen Planung, an die Sie sich dann allerdings auch halten müssen. Zeitweise haben Sie aufgrund Ihres ungetrübten Realitätssinnes das Gefühl, doch schon genug getan zu haben. Doch dem ist nicht so. Die Wahrheit als solche ist neutral. Die Erkenntnis des Ist-Zustandes ist nicht mehr als der erste Schritt zur Besserung. Ohne eine wirkliche Bestandsaufnahme ist positive Veränderung nicht möglich. Aber ohne einen Plan für das weitere Vorgehen eben auch nicht. Sie können sich allerdings Zeit lassen – wenn Sie mit der Umsetzung Ihres Planes innerhalb der nächsten drei Monate beginnen, ist das rechtzeitig genug.

 **Katze reibt sich an
Einrichtungsgegenständen**

KLUGHEIT, ZORN

Eigentlich wissen Sie ja ganz genau, was Ihnen gut tut. Aber
Sie haben nicht etwa das Gefühl, einen kleinen Beitrag da-
zu leisten zu können, dass ein faszinierender, unvergleichli-
cher Organismus weiterhin bestmöglich funktioniert. Im
Gegenteil: Sie fühlen sich gestresst und gequält durch die
Fitnessregeln. Das macht Sie wütend, und deshalb meutern
Sie. Aber wenn es Ihnen am Ende schlechter geht, werden
Sie bloß sauer auf sich selbst – und dies ja auch zu Recht.
Es ist doch erstaunlich, dass Sie trotz der Erkenntnisse, über
die Sie verfügen, so große Schwierigkeiten haben, die notwendigen Verhaltensmaßnahmen einzuhalten. Hören Sie
auf, sich zu ärgern, und verwenden Sie diese Energie lieber,
um sich anzugewöhnen, was zu tun ist. Ob Sie Ihr Gewicht
reduzieren oder regelmäßige Reha-Übungen machen müssen – es führt kein Weg daran vorbei!

 **Katze kommt zu Ihnen und
leckt Ihre Hand oder Ihren Knöchel**

GERADLINIGKEIT, VERWIRRUNG

Eigentlich ist alles ganz einfach. Glauben Sie zumindest.
Aber dann verstricken Sie sich doch in einen verwirrenden
Strudel anders lautender Ansichten. Es könnte allerdings
auch sein, dass Sie eine verwirrend komplizierte Situation
stark unterschätzen und mit Ihrer Geradlinigkeit zu durch-
pflügen versuchen. Auf alle Fälle müssen Sie eine Balance

dieser beiden widerstreitenden Positionen und Emotionen herstellen. Hinter einer scheinbar einfachen, leicht lösbaren Problematik steckt mehr, als Sie denken. Lassen Sie sich jedoch von den bevorstehenden Entwicklungen nicht verwirren – am Ende wird wieder alles ganz einfach und mit entschlossenem Vorgehen zu klären sein. Es ist ein wenig, als führen sie mit einem Tanker in der dunklen Nacht über das stürmische Meer. Obwohl es sich nicht so anfühlt, weil Sie konstant hin und her geworfen werden, bewegen Sie sich doch letztendlich geradeaus.

 ## Katze kommt zu Ihnen und stupst Sie mit der Nase an

Tatenlosigkeit, Beschränkung

Ihre Taten- und Aktionslosigkeit führt zu selbst verursachten Beschränkungen, deren Ausmaß Ihnen jetzt vielleicht noch erträglich erscheinen mag, die aber langfristig zu groß werden. Deshalb sollten Sie frühzeitig Gegenmaßnahmen einleiten. Versuchen Sie zuerst einmal, eine möglichst neutrale Bestandsaufnahme vorzunehmen. Lassen Sie sich beim Arzt von Kopf bis Fuß durchchecken, machen Sie einen Konditions- und Krafttest im Fitnessstudio. Danach sollte selbst Ihnen (wenn auch widerwillig) deutlich werden, wo Ihre Schwachstellen liegen. Es wird sich herausstellen, dass Sie dies insgeheim schon vorher wussten, aber sich entschieden hatten, nichts dagegen zu unternehmen und die Probleme herunterzuspielen. Nun aber sollten Sie versuchen, der absehbaren Verschlechterung Ihrer Gesundheit Einhalt zu gebieten.

Auch wenn es den Bruch mit einigen lieb gewonnenen Gewohnheiten bedeutet.

 ## Katze kommt zu Ihnen und stupst Sie mit der Pfote an

GEWICHTUNG, ALARM

Sie tun viel für Ihre Gesundheit, aber nicht das Richtige. Die Situation ist bereits alarmierend; schnelles Handeln ist geboten. Sie sollten versuchen, das Problem innerhalb der nächsten zwei Wochen zu identifizieren und in der Woche darauf die notwendigen Maßnahmen einzuleiten. Die größte Schwierigkeit derzeit liegt in der Gewichtung verschiedener prophylaktischer Vorgehensweisen. Vielleicht legen Sie zu großen Wert auf Krafttraining, schaden damit aber Ihrer Wirbelsäule. Oder Sie trainieren für einen Marathon, schaffen es aufgrund Ihres übergroßen Trainingspensums aber nicht, mit Ihren Zahnschmerzen einmal zum Zahnarzt zu gehen. Es könnte auch sein, dass Sie fieberhaft nach der Ursache für ein psychisches Problem suchen, aber mit einem soliden Sportprogramm besser bedient wären als mit weiteren Therapiesitzungen. Sie sollten diese Warnung ernst nehmen und umgehend die notwendigen Veränderungen in die Wege leiten!

 ### Katze beginnt, an den Grünpflanzen im Zimmer zu knabbern

SINNLICHKEIT, WOLLLUST

»Technisch« ist mit Ihnen alles in Ordnung. Blutdruck, Puls, Urintest – alles bestens. Wenn Sie sich dennoch nicht herausragend fühlen, dann nicht etwa, weil Ihnen gesundheitlich etwas fehlt. Sondern weil Ihre Sexualität, Ihre Sinnlichkeit, brachliegt. Sich in seinem Körper wohl zu fühlen und das Leben zu genießen ist unabdingbarer Teil des Wohlbefindens. Das muss jetzt nicht heißen, dass Sie gleich am nächsten Wochenende in die nächstbeste Aufreißerdisco fahren und blindlings jemanden abschleppen. Vielleicht haben Sie einen Partner, dann können Sie versuchen, gemeinsam etwas Schönes zu erleben (das kann Sex sein, muss aber nicht – sehr zu empfehlen wäre zum Beispiel der Besuch in einem Aromadampfbad). Auch wenn Sie keinen festen Partner haben, können Sie Ihre Sinnlichkeit, den Genuss, wiederentdecken – entweder allein im Bett, oder aber auch durch ein Wannenbad im Kerzenschein oder einen herrlich entspannten Abendspaziergang am See. Verwöhnen Sie sich!

 ### Katze reckt und streckt sich, als sei sie gerade erwacht

NEUANFANG, ERFRISCHUNG

Sie haben Angst vor etwas Neuem, doch gerade dieser Neubeginn wird vieles zum Positiven wenden. Möglicherweise hat Ihr Arzt Ihnen eine Operation empfohlen, oder

Sie haben von einer neuen Methode gelesen, mit dem Rauchen aufzuhören. Was auch immer es ist – es klingt verlockend, aber auch Furcht einflößend. Aber machen Sie sich keine Sorgen. Die gewünschte Maßnahme wird komplikationslos durchführbar sein und so schnell und effektiv die gewünschten Ergebnisse mit sich bringen, dass Sie sich hinterher nur fragen, warum Sie so lange gezögert haben.

 ### Katze macht einen Buckel

INTUITION, WOHLBEFINDEN

Vertrauen Sie auf Ihre Intuition, um Ihr Wohlbefinden zu steigern. Es mag sein, dass Ihre Wünsche und Bedürfnisse Ihnen rätselhaft oder nutzlos erscheinen, aber Ihr Körper weiß schon, was er braucht. Gesundheit und Wohlbefinden bedingen einander – wer krank ist, fühlt sich nicht wohl, und wer sich nicht wohl fühlt, wird schneller krank. In Ihrem Falle ist die Steigerung des Wohlbefindens die entscheidende Veränderung, die zu einer verbesserten und stabileren Gesundheit führen wird. Es ist ganz egal, was Sie tun, damit es Ihnen besser geht – wenn Sie nachts um drei saure Gurken mit Sprühsahne essen wollen, nur zu! Tun Sie – vielleicht zum ersten Mal in Ihrem Leben? –, wonach Ihnen ist. Es lohnt sich!

WEITERE TIPPS UND TRICKS FÜR HILFREICHE KATZENORAKEL

Die Katze selbst:
Rassen und Orakelkompetenzen

Die korrekte Auswahl der Orakelkatze kann von Bedeutung sein, wenn es um ganz bestimmte, komplizierte Fälle geht. Grundsätzlich gut geeignet ist die weit verbreitete Hauskatze. Egal, ob hellbraun oder dunkelbraun getigert oder schwarz mit weißen Tupfen. Als besonders Erfolg versprechend gilt seit alters die Weissagung der grünäugigen Tigerkatze. Wenn Ihr Stubentiger keine grünen Augen hat, nehmen Sie aber bitte nicht die farbigen Kontaktlinsen aus dem Technozubehör Ihrer Tochter zu Hilfe!

Weitere beliebte Katzenrassen sind unter anderem:

 Egyptian Mau, die einzige natürlich getupfte Rassekatze der Welt. Sie ist über 3 000 Jahre alt und damit sehr erfahren. Da sie äußerst temperamentvoll ist, sollte man sie vor allem für aktive Orakel zur konkreten Entscheidungsfindung einsetzen.

 Perserkatze sowie **Exotic Shorthair** (Perserkatze mit kurzem Fell): großer Kopf = großes Hirn, die Intelligenzbestie unter den Stubentigern. Sie ist die Spezialistin für analytische Orakel.

 Das Fell der **Maine Coon** ist wasserabstoßend und leicht ölig, weshalb sie vor allem für Outdoor-Orakel (zum Beispiel vor einer Urlaubsreise) geeignet ist.

Die **Norwegische Waldkatze** verfügt wie der Luchs über kleine Haarbüschel an den Ohren. Sie hört besonders gut und nimmt daher auch feinste Stimmungsschwankungen ungeheuer genau wahr. Fragen Sie sie bei subtileren, zwischenmenschlichen Themen.

Siamkatzen sind schlank und geschmeidig – und ausgesprochen gesprächig. Sie verfügen über ein ungewöhnlich großes Repertoire an Lauten, sodass Siamkatzenorakel besonders leicht zu interpretieren sind. Zwei Siamkatzen zusammen scheinen manchmal gar miteinander zu sprechen und sich über das Wohl ihrer Menschenfamilie auszutauschen.

Die **Türkisch Van** ist verspielt und liebt das Wasser. In Freiheit angelt sie sogar Fische aus dem entlegenen Van-See. Ziehen Sie diese Katze zu Rate, wenn Sie oder Ihr Problem etwas mit Wasser zu tun haben (zum Beispiel wenn Ihr Sternzeichen Fisch ist, oder wenn Sie entscheiden müssen, ob Sie im Urlaub an die See oder in die Berge fahren).

Die **Sibirische Katze** ist ein echter Brummer, ein muskulöses Kraftpaket. Der Unterschied zwischen Winter- und Sommerfell ist deutlicher zu sehen als bei den meisten anderen Rassen. In Mode- und Einrichtungsfragen, vor allem aber auch zum

Thema Fitness kann diese Katze Ihnen behilflich sein.

 Abessiner sind zurückhaltend und orientalisch-elegant, sie verfügen über einen starken eigenen Charakter. Befragen Sie diese Katze, wenn Sie auf eine pointierte Meinung aus sind.

 Die **Japanese Bobtail** haben nichts mit dem Bobtail-Hund zu tun. Sie haben einen Stummelschwanz, was sie zu Spezialisten bei Sexualproblemen macht, ebenso wie die **schwanzlosen Manx** übrigens.

 Die **Snowshoe** wurde aus Siamkatze und Amerikanischer Kurzhaarkatze gekreuzt. Sie hat weiße Pfoten (»Schneeschuhe«) und kennt sich vor allem in handwerklichen und praktischen Angelegenheiten bestens aus.

 Die **Mandarinkatze** sieht stets etwas ausgemergelt aus und kann daher bei allen Problemen rund um pubertierende Mädchen zu Rate gezogen werden.

 Das Fell der **Russisch Blau** fühlt sich an wie Plüsch, die Katze selbst ist sehr scheu und hasst Lärm und Hektik. Für Alltagsorakel ist diese Rasse ungeeignet, aber bei der umfassenden, tiefer ge-

henden Analyse umfangreicher Probleme beweist sie die nötige Ausdauer. Russisch Blaue sind recht leise, weshalb Sie beim Orakel sehr genau aufpassen müssen. Keine Katze für Anfänger.

Die **Munchkinkatze** hat extrem kurze Beine, ist aber sehr beweglich, verspielt und agil. Sie gleicht ihren körperlichen Nachteil durch geschicktes Nutzen von Kletterhilfen aus. Suchen Sie einen Ausweg aus einem vertrackten Problem, einer scheinbar auswegslosen Situation? Fragen Sie eine Munchkin.

Tonkanesen lieben Menschen, sind außerordentlich neugierig und lassen sich gerne Tricks beibringen, zum Beispiel Apportieren. Sie können sogar Türen und Kühlschränke öffnen, wenn sie dahinter etwas Interessantes vermuten! Der Tonkanese weist beim Orakel oft ungewöhnliche, aber effektive Wege.

Sollten Sie keine passende (oder überhaupt keine) Katze haben, leihen Sie sich einfach eine, oder gehen Sie auf Orakelbesuch zu einem befreundeten Katzenbesitzer. Jeder Katzenhalter wird sich freuen, wenn Sie ausgerechnet seine Katze in wichtigen Lebenslagen befragen!

Vergessen Sie bei aller Fachkompetenz einzelner Rassen aber nicht: Es sind die Katzen ganz allgemein, die mit ihrer unerhörten Auffassungsgabe und dem geballten Wissen der Jahrtausende viele unserer Fragen beantworten und Probleme lösen können. Gerade unsere europäische Hauskatze mit ihrer Ausgewogenheit aller Rassemerkmale ist perfekt als Orakelkatze über einen längeren Zeitraum, in dem Sie ja ganz verschiedene Themen an sie herantragen werden. Wenn Ihnen die idealtypische Katze nicht zur Verfügung steht, verzweifeln Sie nicht – lieber irgendeine Katze befragen, als zu versuchen, ein Schildkröten- oder gar Faultierorakel zu deuten!

Das Orakelzimmer:
So fühlt sich Ihre Katze richtig wohl

Um die feinen Regungen Ihrer Katze korrekt deuten zu können, sollten Sie sich mit ihr zusammen in einen ruhigen, ein wenig abgedunkelten Raum begeben. Katzen sind äußerst sensibel, und schon unmerkliche Außenreize können das Orakel grob verfälschen. Ganz besonders ungeeignet sind Räume, von denen aus eine Vogeltränke oder ein von vielen Vögeln frequentierter Baum zu sehen ist. Da können Sie sogar die Rollläden runterlassen, die Katze will lieber »Beute-TV« gucken, als Ihnen und Ihren Problemen zu helfen.

Am besten wäre es natürlich, einen eigenen Raum nur für Orakelbefragungen (und vielleicht noch andere meditative Zwecke) zu reservieren. Es gelingt dann auch viel leichter, die Katze zu einem gewünschten Zeitpunkt in das Orakelzimmer zu locken, da sie ihrer natürlichen Neugier auf die aktuelle Frage folgen wird.

Aber auch wenn Ihre räumlichen Möglichkeiten begrenzt sind, haben Sie die Möglichkeit, aussagekräftige Katzenorakel durchzuführen. Achten Sie vor allem darauf, dass Ihre Katze nicht so leicht abgelenkt werden kann. Schalten Sie den Fernseher aus, stellen Sie den Kanarienvogelkäfig in das Nebenzimmer. Ziehen Sie eventuell die Vorhänge zu. Schließen Sie die Tür. Idealerweise sollte sich das Katzenklo im Orakelzimmer befinden. Ist dies nicht möglich oder gewünscht, sollten Sie zumindest bei längeren Sessions darauf achten, dass die Katze den Raum verlassen und ihre Notdurft verrichten kann, sonst kann sich die Katze nicht konzentrieren, weil Sie von einem dringenden Bedürfnis geplagt wird.

Allzu asketisch und spartanisch-meditativ sollte Ihr Orakelzimmer allerdings nicht eingerichtet sein, denn sonst hat Ihre Katze ja kaum Reaktionsmöglichkeiten. Interessante Accessoires sind zum Beispiel Kratzbäume, Gummimäuse, Trockenfutter, Designercouch, Topfpflanzen.

Bei extrem kleinen Wohnungen oder Einrichtungsproblemen vergessen Sie alle bisher genannten Tipps. Sie müssen Ihrer Katze dann eben quer durch die Wohnung nachlaufen, um Sie zu beobachten, und die Vergleichbarkeit der Ergebnisse sinkt aufgrund der drastisch vergrößerten Reaktionsmöglichkeiten Ihrer Katze. Das ist immer noch besser als gar kein Katzenorakel. Und es erhöht mit der Zeit Ihre Flexibilität in den Deutungen.

Das Futter: Optimieren Sie die Orakelkraft Ihrer Katze

Optimieren Sie die geheimen Kräfte Ihrer Katze durch das richtige Futter. Achten Sie bei Ihrer Katze auf eine ebenso artgemäße wie ausgewogene Ernährung. Hinweise dazu finden Sie auf jeder Katzenfutterdose. Katzenfutterhersteller betreiben natürlich seit Jahren Forschungen und wissen daher um die Bedürfnisse der Katzen. (Eine weithin unbekannte Tatsache ist übrigens, dass auch die Hersteller renommierter Katzenfuttersorten ihrerseits Katzenorakel nutzen, um weit reichende Marketing-Entscheidungen zu treffen oder abzusichern. Langjährige Tests haben bewiesen, dass Marktforschung und Gruppendiskussionen auch nicht zuverlässiger sind.)

Um die gute Laune Ihrer Katze zu gewährleisten, sollten Sie zudem auch während des Orakels selbst für leichte Snacks sorgen – aber bitte nichts so Leckeres, dass die Katze nur noch frisst! Ein kleines Schälchen Trockenfutter und eine Schüssel mit Wasser reichen völlig. Wenn Sie Ihrer Katze ein besonderes Leckerli gönnen wollen, mischen Sie das Wasser mit etwas Milch (bitte keine reine Milch geben). Um die Orakelergebnisse nicht zu verfälschen, sollten Sie allerdings unbedingt darauf achten, dass die Schalen sorgfältig gewaschen und vor allem auch gespült sind. Katzen haben nämlich einen extrem guten Geruchssinn und nehmen auch noch die geringsten Spuren von Spülmittelresten wahr, weshalb sie sich manchmal mit Ekel und Grausen von frischem Futter

oder Wasser gerade in frisch gespülten Näpfchen abwenden.

Im Orakelzimmer nichts zu suchen haben übrigens potenzielle oder frisch gefangene Beutetiere (mit denen spielt die Katze nur herum, statt sich auf Ihre Orakelfrage zu konzentrieren) und Obst. Menschen lieben Obst als leichten Snack – Katzen aber können mit Obst überhaupt nichts anfangen. Katzen sind Fleischfresser, und wenn Sie damit ein Problem haben, dann machen Sie lieber ein Farnorakel, als das arme Tier mit vegetarischer Zwangsernährung zu quälen.

Nach einiger Zeit des intensiven Orakelns werden Sie sich mit Ihrer Katze so prächtig verstehen, dass auch Sie erspüren können, was für Ihren Liebling gut ist.

Der Alltag:
Beiläufige Kommentare Ihrer Katze

Auch im Alltag können Sie mit Ihrer Katze kommunizieren und sogar plaudern, wie nicht nur Bestsellerautor Roman Berger in seinem Erfolgstitel »Und Katzen sprechen doch« beweist. Katzen verstehen sowohl »Kätzisch« als auch »Menschisch«, wobei sie in erster Linie unsere Intonation und Stimmung wahrnehmen. Jeder Katzenbesitzer hat bereits zwanglose Zwiegespräche mit seinem Haustier geführt, bei denen der Mensch der Katze etwas erzählt und die Katze aufmerksam und angemessen reagiert – sei es durch Schnurren, Streicheln oder freundliches Maunzen.

Die wichtigsten Aussagen und »beiläufigen« Kommentare Ihrer Katze:

Schnurren	Das gefällt mir, das ist gut so, das ist eine gute Idee
Schnurren und mit beiden Vorderpfoten auf einer weichen Unterlage stapfen	Ausgezeichnet! Super!
Helles, fragendes Miau (»Beobachtungsruf«)	Hallo, ist da wer? Hast du Zeit für mich?
Langgezogenes Jaulen (»Revierruf«) – der Ruf ist einem Babyschrei ähnlich	Ich bin hier der Chef. Hau bloß ab!

Kreischen (»Verteidigungsruf«)	Du bist zu nah! Geh weg! Ich habe Angst, aber notfalls kratze ich dich!
Jaulen, jammern (Hilferuf)	Hilfe, ich brauche dich. (Leise auch:) Das tut mir Leid!
Katze zuckt mit dem Schwanz, der Schwanzspitze und schaut Sie dabei aufmerksam an	Das ist ja interessant.
Katze wendet sich ab, streift gelangweilt durch das Zimmer	Es reicht jetzt, stell dich nicht so an, das weiß ich schon.
Katze reckt sich auf die Hinterbeine, um ihren Kopf an Ihrem Bein zu reiben	Du bist der Boss, ich respektiere und achte dich. Ich unterstütze dich. (Katzen begrüßen befreundete Katzen, indem sie ihre Köpfe aneinander reiben. Ihre Katze will also ihre Stirn auch an Ihrer Stirn reiben.)
Katze lächelt	Auch wenn die Forscher sich noch nicht ganz einig sind – Katzenbesitzer wissen, dass die Tiere lächeln

	können. Einige grinsen sogar. Das bedeutet dasselbe wie bei uns Menschen – die Katze amüsiert sich, freut sich mit Ihnen oder grinst ironisch. Schauen Sie Ihr genau ins Gesicht, und die Interpretation wird Ihnen leicht fallen.
Katze schnieft, maunzt leise	Trauer, Mitleid. Kann auch der Rat sein, sich von etwas zu verabschieden.
Grollendes Knurren	Unzufriedenheit. Rat/Kommentar: Lass das lieber.

Wenn Sie bereits einige Katzenorakel durchgeführt haben oder Ihre Katze schon länger kennen und aufmerksam beobachten, wird es Ihnen leichter fallen, mit ihr zu plaudern oder sogar richtige Gespräche zu führen. Instinktiv tun wir das sowieso – die Katze stößt mit der Pfote ihren leeren Napf an und maunzt, woraufhin wir ihr Futter geben. Oder die Katze kommt zu Ihnen, zerrt vorsichtig an Ihrem Ärmel und läuft dann davon in Richtung Tür. Richtig, sie will hinaus.

Aber auch die umgekehrte Kommunikationsrichtung hat wahrscheinlich jeder schon einmal genutzt. Wenn Sie nach einem harten Arbeitstag nach Hause kommen und einem Hund davon erzählen, macht der bloß »Wuff« und wartet, bis Sie das Stöckchen noch mal werfen. Vertrauen Sie sich hingegen einer Katze an, so wird diese aufmerksam zuhören und freundlich-interessierte Kommentare von sich geben – es sei denn, Sie nerven das arme Tier jeden Abend mit demselben Gejammer. Denn auch darauf reagieren Katzen sehr menschlich: Sie wenden sich gelangweilt ab.

Haben Sie Mut und probieren Sie es einfach einmal aus: Sie werden überrascht sein, wie einfach, angenehm und wirklich konstruktiv ein beiläufiges Gespräch mit einer Katze sein kann. Vergessen Sie nicht: Nur wenige (oder gar keine) Freunde kennen Sie so gut, wie Ihre Katze das tut!

Die Katzencouch: So helfen Sie Ihrer Katze bei Problemen

Nicht nur Sie haben Probleme – auch Ihrer Katze kann es schlecht gehen. Und zwar nicht nur körperlich, sondern auch psychisch. Auch in Deutschland gibt es bereits erste Tierpsychologen, in den USA ist dieser Beruf (natürlich) schon lange etabliert. Aber was sich anhört wie ein Sielmann-Film, zu dem Woody Allen das Drehbuch schrieb, funktioniert tatsächlich. Zu den wichtigsten und bekanntesten Problemen und »Hilfeschreien« (Symptomen) von Katzen gehören:

Katze weicht aus, versteckt sich, meidet bestimmte Räume.	Ihre Katze fühlt sich möglicherweise bedroht, vielleicht von einer räumlichen Veränderung oder einem Eindringling – einer neuen Katze, die Sie angeschafft haben, oder einer aggressiven Nachbarskatze, die durch das Revier Ihrer Katze streift.
Katze leckt sich kahle Stellen oder zerfetzt alles in der Wohnung vorhandene Papier.	Ihre Katze scheint sich zu langweilen und entwickelt deshalb eine Putzneurose (das ist so, als ob Millionärsgattinnen shoppen gehen – sinnlos, aber zwin-

	gend). Abhilfe schafft zum Beispiel ein (katzensicheres!) Aquarium, ist für die Katze wie TV.
Katze rast wie verrückt umher, turnt »über Tisch und Bänke«.	Ist vielleicht Ihre Wohnung extrem eng oder voll gestellt? Wenn eine Katze sich eingeengt fühlt, versucht sie, durch Toben Stress abzubauen. Außerdem möchte sie hohe Aussichtsplätze erklimmen, um den Überblick zu bewahren.
Katze uriniert auf Kleidung, Möbel.	Ihrem Stubentiger missfällt ein Geruch, den er durch seinen eigenen zu übertönen versucht. Es könnte entweder der Geruch einer Person sein, die die Katze nicht schätzt (zum Beispiel Ihr neuer Freund, mit dem die Katze Sie nun widerwillig teilen muss). Oder die Ursache ist ein Parfüm, das für Katzen unangenehm riecht, was insbesondere der Fall ist, wenn darin Moschus enthalten ist.

Solche und weitere Informationen können Sie nachlesen bei: Pam Johnson, »Katzen auf der Couch«, Kosmos Verlag. Erforschen Sie die Ursache des unangenehmen Verhaltens der Katze. Dann können Sie ihr meist ganz schnell helfen.

Die Katzenfacts:
Weithin unbekannte Katzenfakten

Nicht nur gelten Katzen als rätselhafte und geheimnisvolle Tiere. Es gibt tatsächlich auch viele Katzenfakten, die kaum ein Katzenbesitzer kennt. Wussten Sie zum Beispiel ...

... dass sich die Wissenschaftler bis heute nicht einig sind, wie Katzen schnurren? Entweder nutzt die Katze dafür ihre »falschen«, ansonsten funktionslosen Stimmbänder. Oder aber im Brustraum der Katze entstehen Blut-Turbulenzen, die durch einen Venenengpass strudeln und dabei eine Art Brummen (eben das Schnurren) verursachen.

... wie Katzen anderswo heißen?

Großbritannien	Cat
Frankreich	Chat
Italien	Gatto
Spanien	Gato
Schweden	Katt
Norwegen	Katt
Dänemark	Kat
Island	Kottur
Polen	Kot
Jiddisch	Kats
Griechenland	Gata
Malta	Qattus
Antikes Nordafrika	Quttah

…dass Katzen Ultraschalltöne (beispielsweise von Fledermäusen) hören können? Außerdem hören Katzen alles etwa drei Mal so laut wie wir.

…dass die meisten Katzen 24 Schnurrbarthaare besitzen, zwölf auf jeder Nasenseite? Sie sind in vier Reihen angeordnet. Die oberen und unteren Reihen können unabhängig voneinander bewegt werden.

…dass Katzen sich zur Begrüßung an Ihnen reiben, damit Sie nach der Katze und die Katze nach Ihnen duftet? Jedes »Familienmitglied« soll (findet die Katze) den Duft des anderen an sich tragen.

…dass Katzen manchmal ihr Trinkwasser verweigern, weil an der Schale noch Spülmittelspuren haften? Der Geschmackssinn der Katze ist viel feiner als unserer.

…dass Katzen den Geschmack von Frostschutzmittel lieben? Es ist jedoch höchst gefährlich für sie, also verschließen Sie Reste bitte gut und achten Sie auf tropfende Waschflüssigkeitsbehälter (Katzen lecken die Pfützen unter Autos auf).

…dass europäische Katzen erbeutete Vögel auf eine andere Art rupfen als ihre amerikanischen Verwandten? Eurocats rupfen im Zickzack und schleudern die Federn mit einem Kopfschütteln beiseite. US-Katzen reißen die Federn in der geraden Linie aus und lassen sie fallen. Dies könnte auf eine entferntere Verwandtschaft hindeuten als bislang angenommen.

…dass eine Katze im White-City-Stadion es schaffte, in nur sechs Jahren 12 480 Ratten zu fangen (mehr als fünf am Tag)? Ein Kater in einer Fabrik in Lancashire brachte es in 23 Jahren auf über 22 000 Mäuse (drei am Tag, das ist normal für eine Hauskatze). Allein in Großbritannien werden Hochrechnungen zufolge täglich 70 Millionen Nagetiere und Vögel erbeutet.

…dass der Spruch »die Katze im Sack kaufen« aus dem 18. Jahrhundert stammt? Damals wurden Ferkel in Säcken verkauft, Betrüger taten jedoch Katzen hinein.

…dass Katzen fauchen, um das Zischen einer Schlange zu imitieren und so den Angreifer zumindest für einen Moment zu schocken?

…dass der Penis des Katers Widerhaken hat? Diese verursachen dem Weibchen Schmerzen, wenn der Kater sich nach der fünfsekündigen (!) Begattung zurückzieht. Deshalb kreischt die Katze dann. Der Schmerz löst aber zugleich den Eisprung aus, den sie sonst (anders als beispielsweise Menschen) nicht hätte. Bei Katzen gilt: Kein Eisprung ohne (schmerzhaften) Sex.

…dass jedes Katzenkind seine »eigene« Zitze zum Milchsaugen hat? Die Katzenjungen unterscheiden ihre von den anderen Zitzen am Geruch.

…dass die Katzenkinder eines Wurfes verschiedene Väter haben können, wenn die Katze kurz hintereinander mit mehreren Katern Sex hatte?

…die meisten weißen Katzen taub sind? Weiße Katzen mit blauen Augen besonders häufig, und wenn eine Katze ein blaues und ein andersfarbiges Auge hat, ist sie oft auch nur auf dem Ohr auf der Seite des blauen Auges taub.

…dass Katzen nachweislich Erdbeben vorhersagen können? Möglicherweise reagieren sie bereits auf geringste Erschütterungen oder auf die sich vor einem Erdbeben erhöhende statische Elektrizität.

…dass man im New Yorker Nobelkaufhaus Neiman-Marcus »Designerkatzen« bestellen kann, die ein Gentechniker farblich optimal an die Einrichtung oder die Kleidung des zukünftigen Besitzer angepasst hat? Kostenpunkt: 1400 Dollar, also über 3000 Mark. (Über die Orakeltauglichkeit solcher Katzen ist übrigens nichts bekannt.)

…dass die Engländer glauben, eine schwarze Katze brächte Glück, die Amerikaner hingegen überzeugt sind, dass eine schwarze Katze Unglück und eine weiße Katze Glück bringt? In Deutschland verheißt eine schwarze Katze von rechts »was Schlecht's«, die von links aber etwas Gutes.

Kleine Literaturauswahl

Augst, Helen Ann: *Was will meine Katze mir sagen*; Koch Media Verlag

Berger, Roman: *Und Katzen sprechen doch*; Econ Taschenbuch

Hausmann, Gerald und Loretta: *Mythologie der Katzen*; Ullstein Taschenbuch

Jansen-Nöllenburg, Sabine: *Wie Katzen mit uns reden*; Müller-Rüschlikon

Johnson, Pam: *Katzen auf der Couch*; Kosmos

Morris, Desmond: *Catwatching. Die Körpersprache der Katze*; Heyne Taschenbuch

Können Katzen sprechen? Die Antwort ist ein klares Ja: Katzen verfügen nachweislich über ausgesprochen feine Kommunikationsmöglichkeiten. Man muß sie nur verstehen. Lernen auch Sie die Katzensprache! Alles, was Sie dazu brauchen, ist Geduld, Beobachtungsgabe und Einfühlungsvermögen. Roman Berger zeigt Ihnen, wie Sie Ihren vierbeinigen Freund noch besser verstehen können.

Mit zahlreichen Zeichnungen und einem unterhaltsamen Test.

Roman Berger

Und Katzen sprechen doch
Die Geheimnisse der Katzensprache

Econ | ULLSTEIN | List

Tierfreunde wußten es schon
lange vor dem *Pferdeflüsterer:*
Zwischen Pferd und Mensch kann
eine sehr innige Form der
Kommunikation bestehen. In
einer engen Beziehung zwischen
beiden versteht das Tier oft
intuitiv die Wünsche des Reiters.
Mit seiner Körpersprache
wiederum verleiht es seinen
eigenen Gedanken und
Intentionen auf eindeutige
Weise Ausdruck.

Birgit Budelmann und Jannie
Kathmann haben im jahrelangen
Umgang mit unzähligen Pferden
deren körperliche
Ausdrucksformen erforscht. In
ihrem Buch zeigen sie
Pferdefreunden anhand
detaillierter Beschreibungen und
zahlreicher Fotos, wie sie ihr Tier
besser verstehen können. Lernen
auch Sie die Pferdesprache!

Birgit Budelmann
Jannie Kathmann

**Die Körpersprache
der Pferde**
Mit zahlreichen Abbildungen
Originalausgabe

Econ | ULLSTEIN | List